Jörg Dommershausen

# Auf geht's – hab Mut!

Für meine drei Mädels
Antje, Anne und Rieke

Der dreifachen Liebe meines Lebens

Jörg Dommershausen

# Auf geht's – hab Mut!

## Wie Sie nach einem Unfall oder einer schweren Erkrankung neue Kraft schöpfen

**Impressum**
Copyright: 2016 Jörg Dommershausen
Alle Rechte vorbehalten
2., überarbeitete Auflage, 2017
Lektorat und Layout: Angela Bruhn
www.schreibbuero-bruhn.de
Buch- und Umschlaggestaltung: Matthias Löcker; *arte*.fakt –
Büro für Kunst & Kommunikation
Druck und Verlag: epubli GmbH, Berlin, www.epubli.de
Printed in Germany
Bibliografische Information der Deutschen Nationalbibliothek: Die Deutsche Nationalbibliothek verzeichnet diese Publikation in der Deutschen Nationalbibliografie; detaillierte bibliografische Daten sind im Internet über http://dnb.d-nb.de abrufbar.

*Der beste Weg, die Zukunft vorauszusagen,
ist, sie zu gestalten.*

Willi Brandt

(*1913–†1992)

(Bundeskanzler der BRD von 1969–1974)

# Inhaltsverzeichnis

Vorwort ............................................................................. 11
Gebrauchsanweisung für dieses Buch ........................... 19
**Kapitel I: Inventur ist gleich Struktur** ........................ 23
1.1 Werte – Die Richtungsweiser in Ihrem Leben ............... 26
    1.1.1 Jonas Schneidereit weiß nicht weiter ..................... 27
    1.1.2 Einfach machen? ...................................................... 28
    1.1.3 Ellen Kämmerer mistet aus ..................................... 29
    1.1.4 Manchmal passiert auch nichts – und oft ist es
           zum Lachen ............................................................... 30
    1.1.5 Nadja Simmersdorfs Mutter verzweifelt ................ 32
    1.1.6 Marianne Mertens ist wütend ................................. 35
    1.1.7 Nadja Simmersdorf wechselt die Blickrichtung ...... 41
1.2 Das Glück finden ............................................................. 47
    1.2.1 Karla Schimkowsky hat Glück .................................. 47
    1.2.2 Nadja Simmersdorf startet durch ............................ 51
1.3 Ihre Stärken – Die Sache mit dem Stolz ......................... 54
1.4 Der Faktor Zeit ................................................................. 61
1.5 Neue hundert Prozent – jetzt! ........................................ 69

**Kapitel II: Loslassen** ...................................................... 77
2.1 Jens Fuchs steckt in einer Sackgasse .............................. 80
2.2 Familie Kießling macht eine Kehrtwende ...................... 80
2.3 Marianne Mertens schweigt ........................................... 84

**Kapitel III: Reha – und andere Ziele** ............ 89
3.1 Entspannung ............................................. 91
3.2 Ziele und Ziel-Konflikte ............................ 99
3.3 Ziele formulieren – und erreichen ........... 106
   3.3.1 Die SMART-Methode ........................ 108
   3.3.2 Die Disney-Strategie .......................... 109
   3.3.3 Das Vision-Board ............................... 111
   3.3.4 Die Brainstorming-Methode ............. 113
   3.3.5 Fokussieren ......................................... 115
   3.3.6 Visualisieren ...................................... 117
   3.3.7 Zielbaden ........................................... 118
   3.3.8 Ziele verändern sich .......................... 119
3.4 Scheitern ist gut – Dranbleiben! ............. 120
3.5 Ihre neuen hundert Prozent .................... 126

**Kapitel IV: Motiviert sein** ........................ 133
4.1 Selbst-Beeinflussung und Selbst-Hypnose ................. 138
   4.1.1 Die geheime Macht des Rollenwechsels ........... 143
   4.1.2 Den Anker auswerfen ........................ 145
   4.1.3 Vorsicht – Enterhaken! ...................... 149
   4.1.4 Ihre kleine Schatzkammer des Glücks ............. 150
   4.1.5 Schweinehunde nehmen immer den kürzesten Weg ............................................. 151
   4.1.6 Bitte lächeln! ...................................... 155
   4.1.7 Das Denken hat Pause ....................... 158
   4.1.8 Suggestionen ...................................... 161
4.2 Glaubens-Sätze und Glaubens-Systeme .......... 164

4.3 Stolz ist das Salz in der Suppe! ................................. 169
4.4 Motivations-Programme ............................................. 171
    4.4.1 Hering oder Stier? ................................................ 172
    4.4.2 Stürmer oder Abwehr? ......................................... 175
    4.4.3 Regal oder Kiste? ................................................. 177
    4.4.4 Wald oder Bonsai? ............................................... 179
    4.4.5 Die Mischung macht's! ........................................ 180

**Kapitel V: Auf der Zielgeraden – persönliche Freiheit! 183**

**Kapitel VI: Ich sage Dankeschön ................................. 191**

**Literatur ............................................................................. 195**

Bücher ................................................................................. 195

Internet ................................................................................ 200

# Vorwort

Dieses Buch habe ich für Unfallopfer oder schwer Erkrankte sowie für deren Angehörige geschrieben. Aber auch für Rechtsanwälte und Mitarbeiter von Versicherungen. Im Wesentlichen geht es mir darum, Patienten und deren Familien Tipps zu geben. Sie sollen ihr Leben und ihren Alltag wieder eigenhändig gestalten können. Rechtsanwälte und Versicherer hingegen können hier einen Einblick in das Leben der Betroffenen erhalten.

Vor allem soll dieses Buch Missverständnisse beseitigen. Und die Verständigung zwischen allen Beteiligten erleichtern.

Dieser Ratgeber ist entstanden aufgrund meiner Erfahrungen als Reha-Manager und Reha-Coach. Und auch als selbst Betroffener: Vor einigen Jahren stand ich vor einer Situation, in der nichts mehr ging. Meine Lage erschien mir damals absolut aussichtslos. Die Frage nach einer Lösung wurde deshalb zu meiner Leitfrage. Schließlich habe ich Schritt für Schritt mein Leben umgestellt. Meine Blickweise hat sich seitdem grundlegend geändert. Als ich mich persönlich verändert hatte, wandelte sich zu meinem Erstaunen auch mein Umfeld.

Ich kann ohne Übertreibung behaupten, dass ich heute ein glückliches Leben führe.

Auch in meinem Berufsalltag lerne ich immer wieder Menschen kennen, die von einem auf den anderen Tag aus ihrem bisherigen Leben herausgerissen wurden. Dies kann durch einen Unfall geschehen oder durch eine plötzliche Erkrankung, wie zum Beispiel durch einen Schlaganfall. Ich finde dann immer wieder Menschen vor, die überhaupt nicht mehr wissen, wie es weitergehen soll.

In solchen Situationen scheint erst einmal alles zusammenzubrechen. Oft hört man, dass Betroffene jetzt vor allem vor einem Berg an scheinbar nicht lösbaren Problemen stehen: Die Versicherung zahlt nicht wie sie sollte, die Behandlung ist falsch oder gar nicht zu bekommen, die Kur oder der Rollstuhl werden nicht bewilligt – und das sind nur ein paar Beispiele von vielen.

Manchmal sind es ganz simple Hürden: Wie kommt das Rezept zur Apotheke – und die Medizin zu mir? Wer macht mir ein Essen, wenn ich nicht aufstehen darf oder kann? Manchmal sind es auch existenzielle Fragen: Kann ich irgendwann wieder an meinen Arbeitsplatz zurück? Werde ich je wieder laufen können? Und die Betroffenen haben natürlich jetzt ganz andere Dinge im Kopf, als sich mit Versicherungen oder gar Anwälten herumzustreiten. Oft sind sie völlig verzweifelt oder zutiefst deprimiert. Das Ergebnis: Nichts geht mehr.

Immer wieder bekomme ich mit, dass Klienten Probleme mit den Versicherungen haben. Die Versicherungen bieten zuerst einmal Gespräche an, in denen die Klienten ihren Fall vorstellen können. Doch dann wird die erhoffte Hilfe nicht selten abgelehnt. Gleichzeitig drängen die Versicherungen auf eine schnelle Wiedereingliederung in den Beruf. Die Klienten gewinnen dann den Eindruck, dass es hier nicht um ihr Wohl geht, sondern darum, möglichst viel Geld zu sparen. Bei genauerem Hinsehen zeigt sich, dass die Klienten sich oft gar nicht trauen, ihre Wünsche und Vorstellungen klar zu formulieren. Auf dieses Dilemma wird später noch genauer eingegangen.

Die Betroffenen können sich oft auch gar nicht vorstellen, wie sie jemals wieder arbeiten sollen. Für sie ist gerade eine Welt zusammengebrochen. Und dann kommt da jemand, der sagt, sie sollen möglichst schnell wieder funktionieren. Das passt hinten und vorne nicht zusammen.

Manchmal ist es offensichtlich, dass tatsächlich Vieles nicht mehr geht und auch nie wieder gehen wird. Damit muss ein Betroffener erst einmal klarkommen. Da reicht es bei Weitem nicht, wenn in der Wohnung ein paar Griffe angeschraubt werden oder ein Rollstuhl bereitgestellt wird. Da braucht es eine intensive Beratung und vielleicht auch eine psychologische Betreuung, um wieder Mut zu schöpfen und neue Lebenswege zu finden.

Die meisten meiner Klienten fühlen sich in solchen Situationen vollkommen ausgeliefert. Sie erleben sich als Opfer. Sie können sich nicht selbst helfen und finden auch niemanden, der dies kann. Und natürlich mögen sie andere nicht belasten. Das "alte Leben" ist futsch – und ein neues ist nicht in Sicht. Wie denn auch? Möglicherweise kann man den erlernten Beruf nicht mehr ausüben, muss seine geliebten Hobbys aufgeben, kann seine Freunde nicht mehr wie gewohnt treffen. Es wird wohl jeder verstehen, dass manche Menschen in solchen Zeiten den Lebensmut verlieren.

Ziel dieses Buches ist, zu zeigen, dass das nicht sein muss!

Es gibt viele Möglichkeiten, was Sie tun können, auch wenn die Situation zunächst vollkommen aussichtslos erscheint. Es existieren eine Menge Strategien, wie Sie mit Hindernissen erfolgreich umgehen können. Neben den "normalen" Reha-Management-Angeboten biete ich deswegen meinen Klienten weitere Maßnahmen an. Solche, die auch mir weitergeholfen haben. Und inzwischen vielen meiner Klienten. Für jedes Problem gibt es einen Weg, wie Sie damit umgehen können. Auch wenn der vielleicht anders aussieht, als Sie sich das zunächst vorstellen.

Es gibt erstaunlich viele Menschen, die schlimme oder sogar lebensbedrohliche Situationen erfolgreich bewältigt haben und die heute ein glückliches Leben führen. Auch wenn dieses Leben dann vielleicht nicht das ist, das sie früher (vor dem Unfall oder der Erkrankung) einmal geplant hatten. Von solchen Menschen wird in diesem Buch unter anderem berichtet. Denn Erfolgsbeispiele machen Mut. Man kann sich anschauen, wie diese Menschen aus der Krise herausgefunden haben – und wie sie sogar glücklich wurden. Und man kann davon lernen.

Es gibt viele Beispiele aus der Welt der Promis. Etwa das des *Wetten dass..?*-Kandidaten Samuel Koch, der sich bei einem misslungenen Sprung über ein Auto die Wirbelsäule verletzte und fortan querschnittsgelähmt war. Ab und zu kann man ihn in den Medien sehen. Und da sieht man dann einen jungen Mann mit einer Menge Lebenslust und vielen Plänen.

Ein weiteres Beispiel ist der ehemalige Leistungssportler Felix Bernhard, der nach einem Motorradunfall im Rollstuhl sitzt. Er hat seitdem den Jakobsweg mit dem Rollstuhl bewältigt und zwei Bücher veröffentlicht.[1]

Oder Marcel Bergmann, der zusammen mit seinem Vater im Auto verunglückte und nun ebenfalls querschnittsgelähmt ist.

---

[1] Felix Bernhard: Dem eigenen Leben auf der Spur. Als Pilger auf dem Jakobsweg. Fischer Taschenbuch; Felix Bernhard: Weglaufen ist nicht. Eine andere Perspektive aufs Leben. adeo Verlag, Gerth Medien GmbH/Verlagsgruppe Random House, Aßlar 2010.

Er lag sogar zwei Monate im Koma. Er arbeitete danach als Sportredakteur beim ZDF und hat schon mehrere Dutzend Länder mit dem Rollstuhl bereist. Über seine China-Reise schrieb er ein Buch, das zum Bestseller wurde.[2]

Weitere Beispiele sind der Politiker Wolfgang Schäuble, der seit einer Messerattacke im Rollstuhl sitzt und trotzdem erfolgreich Finanzminister ist. Und sogar mehrfach als Bundeskanzler im Gespräch war. Oder Boris Grundl, der nach einem Sturz von einer Klippe gelähmt ist, und der jetzt als Erfolgstrainer arbeitet. In den 1990ern wurde er außerdem Deutscher Vizemeister im Rollstuhl-Rugby und Deutscher Klassenmeister im Rollstuhl-Tennis. Auch er hat mehrere Bücher veröffentlicht.[3] Oder Kirsten Bruhn, die bei den Paralympics mehrere Medaillen als Schwimmerin geholt hat und einen Bambi in der Kategorie Sport verliehen bekam.

---

[2] Marcel Bergmann: Trotzdem China – Im Rollstuhl von Shanghai nach Peking. Herder Verlag, Freiburg im Breisgau 2008.

[3] Boris Grundl: Steh auf! Bekenntnisse eines Optimisten. Econ Verlag, Berlin 2008; Boris Grundl: Diktatur der Gutmenschen – Was Sie sich nicht gefallen lassen dürfen, wenn Sie etwas bewegen wollen. Econ, Berlin; Boris Grundl: Die Zeit der Macher ist vorbei – Warum wir neue Vorbilder brauchen. Econ, Berlin; Boris Grundl: Mach mich glücklich: Wie Sie das bekommen, was jeder haben will. Econ Berlin; Boris Grundl & Bodo Schäfer: Leading Simple – Führen kann so einfach sein. GABAL Verlag Offenbach.

Aber auch in meiner täglichen Arbeit als Reha-Manager und Reha-Coach begegne ich immer wieder Menschen, die sich nach einem Schicksalsschlag tatkräftig einen neuen Weg suchen. Dies braucht Kraft und Lebensmut, und die liegen bekanntlich nicht auf der Straße. Das ist der Punkt, an dem ich als Berater ansetze.

Nicht alle Betroffenen haben Freunde und/oder Familienangehörige, die ihnen zur Seite stehen. Oder gute Berater. Ein solcher Ratgeber möchte dieses Buch sein. Es will zeigen, dass die Lage niemals verloren ist, egal wie hoffnungslos sie gerade erscheinen mag. Es will Mut machen und dazu ganz alltagspraktische Tipps geben, wie man sich selbst helfen kann. Wie man sich selbst verändern kann, um so auch die Situation zu ändern. Wie man Motivation schöpft und seine Ressourcen aktiviert.

Das Buch berichtet außerdem von Menschen, die es geschafft haben. Nicht von Promis, sondern von ganz normalen Menschen aus meinem Arbeitsalltag. Nicht selten sind es die allerschwersten Fälle, die die erstaunlichsten Erfolge erzielt haben. Das bedeutet: Auch Sie können es schaffen!

Fakt ist, dass Ihre Erkrankung oder Ihr Unfall Sie verändert haben. Wenn Sie kein Opfer sein wollen, müssen Sie die Sache umkehren: Verändern Sie sich selbst! Das ist gar nicht so schwer ...

Manche der Tipps und Methoden, die ich hier vorstelle, mögen ungewöhnlich sein oder zumindest erst einmal seltsam erscheinen. Und nicht jede Methode passt zu jeder Person. Ich kann sie deshalb nur anbieten. Ob Sie sie annehmen oder ablehnen, müssen Sie selbst entscheiden. In diesem Buch finden Sie eine Vielzahl solcher Angebote. Manches hat auch mich selbst zuerst nicht überzeugt. Bis ich es ausprobiert habe. Manche Methoden machen sogar richtig Spaß oder bringen die Menschen zum Lachen. Was will man mehr!

In diesem Buch geht es vor allem um effektive Hilfe zur Selbsthilfe und um praktische Strategien, wie Sie Tiefs bewältigen können. Hierfür werden auch Aufgaben angeboten, mit deren Hilfe Sie Ihre Situation besser einordnen können. Und Sie bekommen eine Menge Praxis-Tipps, mit denen Sie sich den Alltag erleichtern können. Und den Weg zum Ziel. Denn auch darum geht es hier: Dass und wie Sie Ihre Ziele erreichen. Möglichst leicht und trotzdem effektiv.

# Gebrauchsanweisung für dieses Buch

**Einfache Sprache**

Für Menschen, die viel lesen, mag es ungewohnt sein, wenn sie hier Texte vorfinden, die in einfacher Sprache geschrieben sind. Da mit diesem Buch aber auch Menschen angesprochen werden, die nicht so gut lesen können, ist es so verständlich wie möglich formuliert. Ich denke hier zum Beispiel an Menschen, die wegen eines Unfalls, etwa nach einer Kopfverletzung, Probleme mit dem Lesen haben. Oder solche, die noch nie gut lesen konnten. Und natürlich Menschen, die unsere Sprache nicht so gut beherrschen.

**Alle sind gemeint**

Natürlich werden mit diesem Buch alle Geschlechter gleichermaßen angesprochen. Ich schreibe hier jedoch in der männlichen Form, da die Texte besser zu lesen sind, wenn man nicht immer alle aufzählt. Es sind jedoch grundsätzlich alle Geschlechterformen gemeint.

**Rechtliche Hinweise zum Buch**

Das gesamte Werk ist im Rahmen des Urheberrechts geschützt. Jede vom Verlag nicht genehmigte Verwertung ist unzulässig. Dies gilt auch für die Verbreitung durch Tonträger jeglicher Art, per elektronischer Medien, per Internet, als fotomechanische und digitalisierte Wiedergabe sowie durch Film, Funk, Fernsehen, einschließlich (auch auszugsweiser) Nachdrucke und Übersetzungen. Anfragen für Genehmigungen im obigen Sinn sind an den Verlag zu richten – unter Angabe des gewünschten Materials, des vorgeschlagenen Mediums, gegebenenfalls der Anzahl der Kopien und des Zwecks, für den das Material gewünscht wird.

Dieses Buch dient keinem rechtlichen, medizinischen oder sonstigen berufsorientierenden Zweck. Die hier gegebenen Informationen ersetzen keine fachspezifische Beratung oder Behandlung. Wer rechtlichen, medizinischen oder sonstigen speziellen Rat oder Hilfe sucht, sollte sich an einen geeigneten Spezialisten wenden. Autor und Verlag übernehmen keine Haftung für vermeintliche oder tatsächliche Schäden irgendeiner Art, die in Verbindung mit dem Gebrauch oder dem Vertrauen auf irgendwelche im Buch enthaltenen Informationen auftreten können.

**Datenschutz**

In diesem Buch wird von einigen meiner Klienten berichtet. Die Geschichten sind direkt aus dem Leben gegriffen. Zum Schutz der Klienten habe ich Namen und Orte und einige Einzelheiten geändert.

**Was Sie in diesem Buch nicht finden**

Sie werden in diesem Buch keine Antworten auf rechtliche Fragen finden. Für solche Fragen gibt es verschiedene Experten. Zum Beispiel gibt es Service-Stellen für die Sozialversicherung (Sozialversicherungen sind die gesetzlichen Krankenkassen, die gesetzlichen Rentenversicherungen, die gesetzlichen Unfallversicherungen wie z. B. Berufsgenossenschaften und Unfallkassen, die *Agentur für Arbeit* und die gesetzlichen Pflegeversicherungen). Außerdem gibt es noch Sozialverbände und Rechtsanwälte. Vieles finden Sie auch im Internet. Vereine wie *subvenio e. V.*[4] unterstützen Unfallopfer bei ersten Fragen.

---

[4] http://www.subvenio-ev.de/unfallopfer.html

# Kapitel I: Inventur ist gleich Struktur

*"Einen großen Vorsprung im Leben hat,
wer da schon handelt, wo die anderen noch reden."*

John F. Kennedy (1917-1963)[5]

In diesem Kapitel geht es um Inventur. Den Begriff "Inventur" kennen Sie vielleicht aus dem Geschäftsleben. Das ist ein Termin, an dem kontrolliert wird, was im Warenbestand fehlt. Auch im privaten Leben können Sie natürlich feststellen, was alles nicht mehr geht. Viel sinnvoller ist es allerdings, zu schauen, was alles noch geht. Und was Sie daraus alles machen können. Das ist nur eine kleine Veränderung der Blickrichtung. Aber sie kann große Veränderungen nach sich ziehen.

Oben war bereits die Rede von den Versicherungen. Versicherungen sind Unternehmen, die auf dem Markt bestehen wollen. Natürlich geht es dabei um Geld. Das Wohl der Klienten kommt also (naturgemäß) nicht an erster Stelle. Auch wenn die Werbung anderes verspricht.

---

[5] 35. Präsident der Vereinigten Staaten von Amerika, ermordet am 22. November 1963.

Werte wie "Glück", "Freizeit", "Gesundheit" oder "Arbeit" spielen für die Versicherer keine Rolle. Umso wichtiger ist es für die Betroffenen, sich über solche Werte klar zu werden. Sie sollten feststellen, welche Werte Ihnen wichtig sind. Und dafür sorgen, dass sie nicht missachtet werden und verloren gehen. Auch nicht im Streit mit Versicherungen und anderen Behörden oder Rechtsvertretern. Kapitel 1.1 *(Werte – Die Richtungsweiser in Ihrem Leben)* hilft Ihnen, Ihre Werte zu erkennen und damit Erfolg versprechend umzugehen.

Das Ziel von Kapitel 1.2 *(Das Glück finden)* ist sozusagen eine Inventur zum Thema "Glück". Glück ist nämlich kein Zufall, sondern Sie können es sich erarbeiten. Glück ist auch eine Lebenseinstellung. Sie können sich bewusst dafür entscheiden. Das glauben Sie nicht? Dann lesen Sie weiter ...

Kapitel 1.3 *(Ihre Stärken – Die Sache mit dem Stolz)* beschäftigt sich mit Ihren Stärken. Die werden Sie brauchen. Und ganz sicher haben Sie eine Menge davon. Also macht es Sinn, sie zu erkennen und zu wissen, was Sie mit ihnen anstellen können. Und wenn Sie sie kennen, können Sie ruhig auch mal stolz auf sie sein.

Ein weiteres wichtiges Thema ist die Zeit. Wie wir mit Zeit umgehen, ist auch wichtig für den Umgang mit Krisen. Alles braucht seine Zeit, sagt man. Aber Sie können sich Ihre Zeit bewusst einteilen. Was das mit Ihrer Situation zu tun hat? Die Antwort finden Sie in Kapitel 1.4 (*Der Faktor Zeit*).

In Kapitel 1.5 *(Neue hundert Prozent – jetzt!)* geht es um "hundert Prozent". Vielleicht fragen Sie sich jetzt: Wie soll ich denn jemals wieder auf hundert Prozent kommen? In meiner Lage! Eigentlich ist es ganz einfach: Was hundert Prozent sind, bestimmen Sie selbst. Und somit können Sie auch jederzeit "neue" hundert Prozent festlegen. Das klingt zu einfach? Es ist auch ziemlich einfach. Man muss sich nur darauf einlassen.

Ein ganz wichtiger Punkt ist folgender: Manchmal können Sie eine Situation nicht verändern. Was Sie aber jederzeit ändern können, ist die eigene Person. Oder die eigenen Ansichten, Ideen und Glaubenssätze. Und wenn Sie dies tun, werden Sie irgendwann feststellen, dass sich auch die festgefahrenste Situation eben doch wandelt, sobald Sie selbst es tun. Das ist wie bei einem Domino-Spiel: Wenn Sie den einen, ersten Stein anstoßen, dann bewegen sich alle anderen mit. Sie können gar nicht anders.

Ein altes chinesisches Sprichwort lautet: "Selbst der weiteste Weg beginnt mit dem ersten Schritt"[6]. Und den kann nur jeder selbst machen. Selbst dann, wenn er nicht laufen kann. Man kann Schritte auch im Kopf machen.

## 1.1 Werte – Die Richtungsweiser in Ihrem Leben

*"Das Leben bekommt die Bedeutung,
die man ihm gibt."*

Liz Murray (*23.09.1980)[7]

Bei der Vorbereitung zu einer Ton-Produktion kam ich mit einem Psychologen ins Gespräch. Ich fragte ihn nach möglichst einfachen Tipps für Menschen, die einen Unfall erlitten haben und die ihre Situation als aussichtslos empfinden.

Erstaunlicherweise hatte er keine Antwort parat. Er sagte, er müsse da erst einmal recherchieren. Es sei ja schließlich wichtig, dass alles wissenschaftlich fundiert sei.

---

[6] Konfuzius (latinisierte Form von K'ung-fu-tzu), chinesischer Philosoph (551-479 v. Chr.). Sein Ideal war der "edle", also der moralisch perfekte Mensch.

[7] Amerikanische Autorin und Motivations-Trainerin.

Mir drängte sich sofort die Frage auf, ob Unfallopfern das wohl weiterhelfen würde. Ist es das, was sie wollen? Theorie?

Unfallopfer (und ebenso akut Erkrankte) befinden sich in einer absoluten Ausnahmesituation. Von einer Sekunde auf die andere ist ihr bisheriges Leben aus den Fugen geraten. Entweder für eine Weile – oder auch für immer. Was, bitte, soll Theorie da ausrichten?

### 1.1.1 Jonas Schneidereit weiß nicht weiter

Jonas Schneidereit war mit seinem Motorrad unterwegs. Plötzlich nahm ihm ein Auto die Vorfahrt. Erst nach einigen Tagen wachte er im Krankenhaus wieder auf.

Dort teilten die Ärzte ihm mit, dass sein linker Ellenbogen kaputt sei. Auch die rechte Schulter war gebrochen. Eine Entzündung ließ den rechten Oberarm massiv anschwellen, und eine weitere Operation war nicht zu vermeiden. Dabei mussten Teile der Sehnen entfernt werden. Danach konnte Herr Schneidereit seinen Arm nicht mehr anheben.

Er blieb schließlich vier Monate lang im Krankenhaus. Seinen Beruf als Maler hat er verloren. Er hatte keine Einnahmen mehr, und seine Familie musste seine Wohnung auflösen. Nach vielen Jahren selbstständigen Lebens und Arbeitens musste er wieder bei seiner Mutter einziehen.

Er sagte mir: "Als ich aus dem Krankenhaus kam, wusste ich nicht mehr, wie es weitergehen sollte. Alle Behörden haben sich immer sehr viel Zeit gelassen. Und ich hatte kein Geld mehr."

Entscheiden Sie selbst: Würde Ihnen hier Theorie weiterhelfen?

### 1.1.2 Einfach machen?

Ja, das klingt alles immer so einfach, mögen Sie an mancher Stelle dieses Buches denken. Aber bei mir ist das ja alles viel komplizierter ... Wirklich?

Solche Denkweisen kann man auch als "Erfolgsverhinderer" bezeichnen. Andere nennen sie "Gedankenbremsen" oder auch "falsche Glaubenssätze".

Vielleicht wird Sie bei der einen oder anderen Passage in diesem Buch ein ungutes Gefühl beschleichen. Das ist durchaus beabsichtigt. Betrachten Sie es als kleinen, freundschaftlichen Anstupser. Oder auch als Wachrüttler. Diese kleinen Rempler sagen: Nehmen Sie nicht alles als gegeben hin! Und:

Hören Sie auf Ihr Bauchgefühl! Wenn Sie eine Stelle in diesem Buch als unangenehm empfinden, und Sie wissen nicht genau warum, dann kratzt diese Stelle vielleicht leise an Ihren Erfolgs-Verhinderern. An Ihren falschen Glaubens-Sätzen. Ihren Gedanken-Bremsen. Es ist ziemlich oft ein kleiner Stoß von außen, der eine Veränderung einleitet. So wie bei Frau Kämmerer.

### 1.1.3 Ellen Kämmerer mistet aus

Als ich Ellen Kämmerer kennenlernte, berichtete sie mir ganz stolz, dass sie in den vergangenen zwei Jahren bereits fast dreihundert Mal in der ambulanten Reha gewesen sei. Meine Reaktion brachte sie jedoch aus dem Konzept. Ich sagte ihr nämlich, dass ich ihr Durchhaltevermögen bewundere. Und fragte dann: "Was bringt Ihnen denn die ambulante Therapie im Alltag – und was ist Ihr Ziel?"

Ihre spontane Antwort lautete: "Ja, die wird doch verschrieben! Dann muss ich doch da hin!" Allerdings, berichtete sie, habe sie schon seit Wochen keine Besserung mehr feststellen können.

Im weiteren Gespräch stellte sich heraus, dass Frau Kämmerer außerdem seit eineinhalb Jahren zu einem Logopäden ging. Das sollte ihr helfen, wieder deutlicher sprechen zu können. Der Erfolg war allerdings gleich Null. Sie hatte also seit über einem Jahr mehrere Therapien gemacht, die sie nie hinterfragt hatte. Obwohl sie ihr nichts nutzten. Sie hatte noch nicht einmal einen anderen Logopäden ausprobiert.

Genau das ist Thema dieses Buches: Wie Sie wieder dahin kommen können, dass Sie über Ihr Leben (und eben auch über Ihre Therapien!) selbst bestimmen können. Wie Sie wieder ins Handeln kommen, anstatt andere machen zu lassen. Schließlich ist es Ihr Körper. Und Ihr Leben. Wer sonst sollte darüber bestimmen?

Manchmal werden Sie beim Lesen denken: So einfach soll das sein? Meine Antwort: Ja! So einfach kann es tatsächlich sein. Wann fangen Sie an?

### 1.1.4 Manchmal passiert auch nichts – und oft ist es zum Lachen

So wie bei der Mutter eines sechsjährigen Klienten. Er war direkt vor der Haustür von einem Auto angefahren worden. Ein Beinbruch war die Folge. Obwohl die Mutter den Unfall nicht beobachtet hatte, stellte sie sich das Ereignis immer wieder vor. Es ließ sie einfach nicht los. Auf einen Platz bei einer Therapeutin musste sie lange warten. Deswegen benötigte sie dringend eine Strategie, wie sie damit umgehen konnte.

Ich erinnerte mich daran, dass in einer Fernsehsendung jemand erklärt hatte, dass man solch negativen Bildern oder "Filmen" im Kopf den Ernst nehmen kann, indem man sich vorstellt, dass eine kleine Ente durch das Bild watschelt. Ich muss zugeben, ich war nicht sehr überzeugt von dieser Methode. Die Mutter des Jungen und ich probierten es trotzdem. Wir feilten gemeinsam an den Feinheiten des "Films" und hatten viel Spaß dabei. Und das Beste war: Es funktionierte!

Wegen dieses Erfolges habe ich diese Strategie dann auch mit anderen Klienten ausprobiert. Bei den meisten klappte es tatsächlich gut. Und: Es muss ja nicht immer eine Ente sein. Lassen Sie Ihrer Phantasie freien Lauf!

Jede solche Strategie braucht natürlich ein wenig Übung. Und notwendige Therapien werden dadurch nicht ersetzt. Es macht nur alles ein wenig leichter.

So mancher Lebensratgeber möchte zwar den Eindruck erwecken, solche "Tricks" könnten Wunder bewirken, aber: Glauben Sie nicht alles. Probieren Sie es stattdessen einfach aus! Was Ihnen hilft, können nur Sie selbst herausfinden.

## 1.1.5 Nadja Simmersdorfs Mutter verzweifelt

Nadja Simmersdorf ging eines Tages über eine Ampel. Der Fahrer eines Busses passte für einen Moment nicht auf und übersah sie. Frau Simmersdorf wurde von dem Fahrzeug erfasst. Sie erlitt ein schweres Schädel-Hirn-Trauma und viele Brüche an beiden Armen und Beinen.

Nadja Simmersdorfs Mutter, Susanna Logemann, erzählte mir, dass sie bereits für ihren Mann die Pflege übernommen hatte.

Dann hat ihr das Gericht auch noch die Betreuung für ihre Tochter zugewiesen. Die ersten Wochen nach dem Unfall hatte sie gar keine Zeit, nachzudenken. Sie funktionierte einfach nur. Der Partner der Tochter war ihr keine Hilfe. Im Gegenteil – er tauchte jetzt immer seltener auf. Selbst die Versorgung und Erziehung der zwei kleinen Kinder der Tochter blieben an ihr hängen. Und dann weigerte sich die Krankenkasse auch noch, dringend benötigte Hilfsmittel zu übernehmen. Schon im Krankenhaus hatte die Versorgung mit Therapien nicht funktioniert.

Man kann ihre Verzweiflung verstehen. Wer wäre in einer solchen Lage nicht überfordert? Aber: Alles, was Frau Logemann schilderte, bezog sich darauf, was nicht funktionierte. In den ersten Gesprächen haben wir deshalb die Blickrichtung geändert und uns erst einmal auf die Punkte konzentriert, die funktionierten. Meine Fragen und meine bewusst andere Sichtweise der Situation haben Frau Logemann gezeigt, dass es eigentlich doch sehr viele Dinge gab, die ziemlich gut liefen.

Wir haben diese Punkte aufgeschrieben. Daneben haben wir die Dinge notiert, die noch besser werden sollten. Frau Logemann war ziemlich erstaunt, dass es tatsächlich mehr positive als negative Aspekte gab. Nun hatte sie einen viel positiveren Gesamteindruck der Lage. Die Herausforderung, die immer noch problematischen Dinge anzugehen, fiel ihr auf einmal viel leichter.

Zu jeder Aufgabe haben wir uns dann ein Blatt Papier genommen. Frau Logemann schrieb spontan für jede Aufgabe fünf Lösungs-Möglichkeiten auf. Einfach, was ihr gerade einfiel. Ohne viel nachzudenken. Eine erste Idee hat sie dann gleich ausprobiert. Und es funktionierte tatsächlich.

Sie denken jetzt vielleicht: Ach, so einfach? Richtig – so einfach kann es sein!

Die Erfahrung zeigt mir, dass die meisten Klienten meinen, alles Wichtige längst im Kopf zu haben. Schließlich wälzt man die Probleme den ganzen Tag darin herum. Seien Sie einmal ehrlich: Geht Ihnen das nicht auch so? Umso mehr könnte es sich lohnen, dass Sie sich eine schriftliche Übersicht gönnen, was klappt und wo Sie noch Handlungsbedarf sehen. So machen Sie erstens Ihre Erfolge sichtbar. Und zweitens entlassen Sie die Probleme aus Ihrem Kopf – aufs Papier. Sie können sie somit ein Stück weit loslassen. Und ganz gelassen der Reihe nach angehen. Und abhaken.

Statt geschriebener Notizen können Sie auch Zeichnungen machen, oder Bilder (zum Beispiel aus der Fernsehzeitung) ausschneiden. Sie können einen Computer nutzen, eine Sprachnotiz ins Handy sprechen und vieles mehr. Es gibt viele Möglichkeiten. Es kommt dabei weder auf korrekte Rechtschreibung an, noch auf das Aussehen Ihrer Notizen. Sie sind nur dazu da, dass Sie einen neuen Fokus finden.

Hier ein Beispiel für die erste Bestandsaufnahme:

| Was klappt? | Aufgaben |
|---|---|
| • Der Rechtsanwalt kümmert sich um die Versicherung<br>• Der Sozialdienst hat die Reha beantragt<br>• Der Hausarzt hat Medikamente verschrieben | • Der Rollstuhl wurde nicht genehmigt<br>• Der Arbeitgeber möchte Unfallformulare haben<br>• Kredit kann nicht bezahlt werden, weil zu wenig Krankengeld kommt |

| | |
|---|---|
| • Eine Haushaltshilfe wurde verordnet | • Wer kann die Kinder beaufsichtigen? |
| • Die Arbeitsunfähigkeitsbescheinigung wurde ausgestellt | |
| • Mobilität ist vorhanden | |

Sie wissen jetzt, wie Sie ganz einfach eine Übersicht über alles bekommen können, was mit Ihrem Fall zu tun hat. Sie können die Aufgaben jetzt schneller lösen. Und Erfolge schneller erkennen.

Trotzdem verlieren viele den Überblick. Die Menge der Aufgaben scheint ihnen über den Kopf zu wachsen. Oft geht es dann nicht weiter. Ein Beispiel dafür ist Marianne Mertens.

### 1.1.6 Marianne Mertens ist wütend

Marianne Mertens wurde auf ihrem Motorrad von einem Auto angefahren. Sie brach sich den rechten Oberschenkel, und auch die Hüfte war angebrochen. Die Schmerzen strahlten zudem in den Rücken aus. Im ersten Gespräch berichtete Frau Mertens, dass sie seit dem Unfall nicht mehr habe schlafen können. Seit dem Unfall waren bereits vier Monate vergangen. Jede Nacht erlebte Frau Mertens den Unfall in allen Einzelheiten noch einmal im Kopf. Als besonders schlimm aber empfand sie es, dass das Versprechen, das man ihr im Krankenhaus gegeben hatte, man werde sich um alles kümmern, nicht eingehalten wurde.

Frau Mertens konnte nach der Entlassung nicht gleich zu ihrem Hausarzt. Daher hat dieser sie erst sieben Tage später krankgeschrieben. Die Krankenkasse verweigerte nun die Krankengeldzahlung für die ersten sieben Tage. Frau Mertens war darüber sehr wütend.

Ihre Unfallfolgen standen für sie gar nicht im Mittelpunkt. Die "schlimme" Krankenkasse und das fehlende Geld waren für sie viel dramatischer. Außerdem war Frau Mertens der Meinung, dass die gegnerische Versicherung viel zu wenig zahlte.

Frau Mertens hatte gedacht, dass sie sich auf andere verlassen könne. Dies hatte für sie ganz klar Nachteile. Dennoch änderte sie ihre Einstellung nicht. Sie meinte, die Versicherung und die Krankenkasse müssten ja irgendwann "einsehen", dass ihr das Geld zustünde. Das Warten darauf tat ihr allerdings nicht gut, und ihre Wut trug nicht gerade zur Heilung bei. Und auch nicht zur Lösung des Problems.

Wie leicht Sie einen Überblick über Ihre Lage erhalten können, wissen Sie ja bereits. Ein weiteres Beispiel finden Sie auf der folgenden Seite. Die Übersicht bezieht sich auf die Zeit direkt nach dem Unfall. Sie können sie auch auf der Homepage von *rehamanagement-Oldenburg* als pdf-Dokument herunterladen[8].

---

[8] Sie können die Übersicht herunterladen unter: http://rehamanagement-oldenburg.de/index.php/fuer-unfallopfer.html

## Beispiel für eine Übersicht der Aufgaben nach einem Unfall

(kein Anspruch auf Vollständigkeit)

**(Wen können Sie fragen, um die für Sie wichtigen Maßnahmen herauszufinden?)**

☐ Woher bekomme ich eine Arbeitsunfähigkeitsbescheinigung?

☐ Vorstellen beim Hausarzt!

☐ Kontakt zur Krankenkasse aufnehmen:

    ☐ Wie lange gibt es Krankengeld?

    ☐ Wo bekomme ich einen Antrag auf Haushaltshilfe?

    ☐ Wer organisiert Haushaltshilfen – und wie?

    ☐ Wer organisiert Betriebshelfer (für die Landwirtschaft)?

    ☐ Wer bietet Kinderbetreuung an?

## Kapitel I: Inventur ist gleich Struktur

☐ Hilfsmittel:

☐ Welche Hilfsmittel sind jetzt und zu Hause notwendig?

☐ Ist die Verordnung genehmigt?

☐ Welche Leistungsanbieter brauche ich dafür? (Sanitätshaus?)

☐ Abstimmung mit der Krankenkasse?

☐ Arbeitgeber informieren!

☐ Pflege regeln:

☐ Wo gibt es stationäre Pflege?

☐ Wer macht häusliche Pflege?

☐ Kostenträger (Kranken- und Pflegekasse) ansprechen!

☐ Wo finde ich Pflegefachberater?

- [ ] Ärzte und Therapien abklären (Termine machen!)
    - [ ] Welche Fachärzte brauche ich?
    - [ ] Wer macht gute Physiotherapie – und wo?
    - [ ] Ergotherapie?
    - [ ] Logopädie?
    - [ ] (Trauma-)Psychologie?
- [ ] Wie und wo finde ich einen guten Rechtsanwalt? (Termine machen!)
    - [ ] für Verkehrsrecht?
    - [ ] für Arzthaftungsrecht?
    - [ ] Wie viel Erfahrung im Personenschaden-Management hat er/sie?
- [ ] Antrag auf Schwerbehinderung beim Versorgungsamt stellen!
- [ ] _____

## 1.1.7 Nadja Simmersdorf wechselt die Blickrichtung

Was haben denn Ziele mit meinen Werten zu tun, mögen Sie sich jetzt fragen. Das ist eine berechtigte Frage. Aber Sie werden schnell erkennen, dass Ihre Ziele und Ihre Werte in einem engen Zusammenhang stehen. Das Beispiel von Frau Simmersdorf kann dies verdeutlichen:

Frau Simmersdorf haben Sie oben bereits kennengelernt. Sie wurde vor ein paar Jahren von einem Bus angefahren. Ein schweres Schädel-Hirn-Trauma mit diversen Brüchen an allen Extremitäten war die Folge. Eine Versteifung des rechten Arms und diverse neurologische Probleme machen ihr noch heute zu schaffen. Die Ärzte wollten Frau Simmersdorf in einem Pflegeheim unterbringen. Weitere Investitionen – und das ist ein Original-Zitat! – würden "sich nicht lohnen".

Zugegebenermaßen war der erste Kontakt mit Frau Simmersdorf nicht gerade angenehm. Entsprechend der Kompromisslosigkeit ihrer Lage war sie regelrecht aggressiv, und sie schien mich nicht zu mögen. Mittlerweile arbeiten wir sehr gut zusammen und sie hat großes Vertrauen in unsere Arbeit.

Ihr Wunsch war damals, sich von ihrem Partner zu trennen und ihre zwei kleinen Kinder, mittlerweile sechs und zwölf

Jahre alt, allein zu erziehen. Sie wollte auch in ihre alte Wohnung zurückkehren, was aufgrund ihrer Handicaps nicht gerade leicht zu verwirklichen war.

Mit viel Unterstützung und einer Menge Arbeit habe ich Frau Simmersdorf gefördert. Dazu haben wir zum Beispiel zusammen eine "Werteliste" erstellt. Das ist eine Strategie, mit der man seine innere Programmierung, also seine Werte und Ziele, sehr effektiv bearbeiten kann.[9]

Frau Simmersdorfs Werteliste war gekrönt von den Werten "Selbstständigkeit", "Kraft", "Durchsetzungsfähigkeit" und "eine gute Mutter sein". Aber von "Gesundheit", "Selbstverwirklichung" oder gar "Liebe" fand sich darin keine Spur. Es war klar, dass diese Werte sie nicht gerade in Richtung eines glücklichen Lebens bringen würden. Es waren die Werte aus ihrem alten Leben, die sie hier mit hinübergerettet hatte. Diese Werte stellten hohe Anforderungen – schon an eine gesunde Person. In ihrer jetzigen Situation war es einfach viel zu viel verlangt. Und teilweise waren es Werte, die auf das Wohl anderer ausgerichtet waren. Nicht auf ihr eigenes.

---

[9] Z. B. Thomas Oberbichler: Metaprogramme im NLP erkennen, verstehen, anwenden. Aus der Serie "Erfolgreich im Alltag". be wonderful! Verlag, Wien 2013. Auch als Kindle Edition erhältlich: Verlag Thomas Oberbichler (E-Book), 2013.

Als sie dies erkannt hatte, setzte sie "Gesundheit" auf ihrer Liste ganz weit nach oben. Und nach einigem Zögern auch "Liebe". Und öffnete sich so für tatsächliche Erfolge in Richtung Heilung und einer neuen Partnerschaft. Ihre ehemaligen Werte hat sie zwar nicht aufgegeben, aber sie stehen nun nicht mehr ganz so weit oben im Kurs. Immer noch ist ihr ihre Unabhängigkeit sehr wichtig. Und natürlich möchte sie ihren Kindern immer noch eine möglichst gute Mutter sein. Allerdings hat sie gelernt, dass dies leichter zu erreichen ist, wenn sie sich auch gut um sich selbst kümmert. Wenn es sein muss, auch mit der Hilfe anderer. Es ist wohl nicht nötig zu erwähnen, dass ihr Gesundheitszustand sich inzwischen gebessert hat. Auch ihren Kindern geht es gut. Die kleine Familie wohnt immer noch in ihrer alten Wohnung. Einen neuen Partner hat sie zwar noch nicht gefunden, aber es kommen inzwischen wieder viele Freunde vorbei.

Ich lade auch Sie dazu ein, für sich eine Werteliste zu erstellen. Tun Sie es am besten sofort. Diese Aufstellung werden Sie vielleicht später noch brauchen, wenn sich für Sie die Frage auftut, was Sie tun sollen, wenn Sie Ihre Ziele erreicht haben.

Was genau sind eigentlich "Werte"? "Wert" ist ein Begriff für etwas, was Ihnen grundlegend wichtig ist. Etwas, was Ihr Leben, Ihre Entscheidungen und Ihr Handeln bestimmt.

Wenn Sie zu wenige Werte haben, läuft Ihr Leben nicht rund. Sie können dann keine Ziele erkennen und festlegen. Ihnen fehlt Halt. Werte sind also auch eine Art Richtungsweiser. Eine Art "Lebens-Navi".

Werte sind in der Regel Nominalisierungen, also Hauptwörter, die einen Prozess, einen Zustand oder eine Eigenschaft beschreiben. "Freiheit", "Liebe", "Erfolg", "Harmonie", "Ausgeglichenheit", "Ehrgeiz", "Durchsetzungsvermögen", "Freundschaft", "Ehrlichkeit" – all dies sind Werte.

Suchen Sie sich eine Schreibgelegenheit und notieren Sie Ihre wichtigsten zehn Werte. Sortieren Sie sie dann nach ihrer Bedeutsamkeit. Erstellen Sie also eine Rangliste. Und vergessen Sie nicht, das Datum zu notieren. Wiederholen Sie die Übung in regelmäßigen Abständen, um erkennen zu können, ob sich etwas verschiebt. Manche Werte sind nicht lange gültig, andere halten ein Leben lang. Das hängt auch von Ihren Lebensumständen ab.

Wenn Ihre persönliche Rangliste fertig ist, begeben Sie sich an das "Fein-Tuning". Dazu nehmen Sie die ersten beiden Werte, beispielsweise "Partnerschaft" (Platz 1) und "Reichtum" (Platz 2). Vergleichen Sie Wert 1 mit Wert 2, indem Sie sich fragen: Kann ich mir eine Partnerschaft ohne Reichtum vorstellen? Lautet die Antwort "Ja", dann bleibt "Partnerschaft" auf Platz 1. Lautet sie "Nein", rutscht "Partnerschaft" auf Platz 2 und "Reichtum" wechselt auf Platz 1.

Ist Letzteres der Fall, dann gleichen Sie "Reichtum" mit Platz 3 ab, beispielsweise "Freiheit". Die Frage lautet: Kann ich mir Reichtum ohne Freiheit vorstellen? Wenn Sie mit "Ja" antworten, bleibt "Reichtum" auf Platz 1 und Sie gleichen weiter mit Platz 4 ab, etwa "Anerkennung". Wenn Sie mit "Nein" antworten, kommt "Freiheit" auf Platz 1, und Sie gleichen nun wieder mit dem aktuellen Platz 2 ab, also mit "Partnerschaft".

So machen Sie weiter, bis Sie alle Werte untereinander abgeglichen haben. Sollte Ihnen ein neuer Wert einfallen, so fangen Sie unten bei Platz 10 an und gleichen die Werte erneut untereinander ab.[10]

Diese Übung erscheint vielleicht ein wenig kompliziert. Doch sie bietet Ihnen eine wunderbare Vorbereitung zum Festlegen Ihrer Ziele. Es lohnt sich: Sie können nun Ihre Werte und Ihre Ziele miteinander abstimmen und somit mehr Erfolg haben. Wie immer gilt: Sie sind der aktive Gestalter Ihres Lebens!

---

[10] Leicht abgewandelt; nach: Thomas Oberbichler: Metaprogramme im NLP erkennen, verstehen, anwenden. Aus der Serie "Erfolgreich im Alltag". be wonderful! Verlag, Wien 2013. Auch als Kindle Edition erhältlich: Verlag Thomas Oberbichler (E-Book), 2013.

Ob eine Entscheidung richtig war, wird Ihnen immer die Praxis zeigen. Achten Sie darauf, wie es Ihnen mit Ihrem Leben, Ihren Entscheidungen geht. Und halten Sie auch Augen und Ohren offen für Rückmeldungen von anderen, besonders von Ihren Freunden. Nicht selten sind es Freunde, die viel eher als Sie selbst bemerken, wenn etwas nicht gut läuft. Seien Sie kritischen Fragen und Anmerkungen gegenüber offen. Vielleicht ist es ja Zeit für eine Anpassung Ihrer Werte oder Ziele?

Um sich über Ihre Ziele klar zu werden, können Sie auch ganz simpel ein Tagebuch führen. Experten nennen dies auch "Journal-Technik". Legen Sie dazu einen bestimmten Zeitpunkt am Tag fest, am besten direkt nach dem Aufstehen oder unmittelbar vor dem Schlafengehen. Zu diesem Zeitpunkt notieren Sie täglich, was Ihnen am vergangenen Tag gut gefallen hat oder was Sie weitergebracht hat. Dazu können Sie sich festgelegte Fragen stellen. Zum Beispiel, an was Sie denken möchten, wenn Sie sich in zehn oder zwanzig Jahren an diesen Tag erinnern. Oder, wer oder was Ihnen heute besondere Freude bereitet hat. Oder, was Sie heute Neues gelernt haben, das Sie weiterbringt. Sie sollten bei Ihrem Tagebuch keinen Tag auslassen. Jede Notiz ist wichtig, wenn Sie nach einer Weile zurückschauen und alles noch einmal lesen. Sie werden dann nämlich erkennen, wie viel Gutes Ihnen widerfahren ist. Mit dieser Erkenntnis programmieren Sie sich wiederum genau darauf, dass Ihnen viel Positives passiert.

## 1.2 Das Glück finden

*"Wenn Du ein glückliches Leben führen willst, verbinde es mit einem Ziel, nicht aber mit Menschen oder Dingen."*

Albert Einstein (1879-1955)[11]

Manchmal ist es erstaunlich, in was für Situationen die Menschen glücklich sein können. Selbst in solchen, in denen jeder verstehen würde, wenn Sie völlig unglücklich wären. Aber der alte Spruch "Jeder ist seines Glückes Schmied"[12] hat schon seine Berechtigung. Jeder kann glücklich sein. Auch in einer Lage, die zunächst als ziemlich unglücklich erscheint. Das belegen auch die folgenden Beispiele.

### 1.2.1 Karla Schimkowsky hat Glück

Die etwa 55 Jahre alte Karla Schimkowsky hatte vor kurzem einen schweren Autounfall. Sie wurde von einem LKW von ihrem Mofa gerissen. Sie erlitt ein schweres Schädel-Hirn-

---

[11] Deutscher Physiker, Begründer der Relativitätstheorie.
[12] Dieses Zitat findet sich in einem Gedicht, das vermutlich von dem römischen Konsul Appius Claudius Caecus (340-273 v. Chr.) stammt. Darin finden sich die lateinischen Worte: "fabrum esse suae quemque fortunae" (Jeder sei der Schmied seines Glücks).

Trauma, diverse Brüche und innere Verletzungen. Nachdem sie in verschiedenen Krankenhäusern behandelt worden war, kam sie schließlich in eine weitere Klinik mit einer Abteilung für Früh-Rehabilitation.

Den ersten Berichten war zu entnehmen, dass sie bei dem Unfall unheimlich viel Glück gehabt hatte. Glück im Unglück zumindest. Nicht jeder hätte einen solchen Unfall überlebt. Doch dann erlitt sie einen Schlaganfall, der auf die Verletzungen des Gehirns zurückzuführen war.

Nach meinen bisherigen Erfahrungen hatte ich erwartet, einen total verzweifelten Ehemann anzutreffen. Zudem hatte der Anwalt berichtet, dass die Sozialversicherung sich überhaupt nicht um den Fall gekümmert hatte. Doch das Gegenteil erwartete mich: Beim ersten Telefonat berichtete mir der Mann, dass seine Frau jetzt ganz kurzfristig entlassen werden solle. Statt jedoch deswegen verunsichert oder besorgt zu sein, erzählte er mir voller Stolz, was seine Frau in den letzten Monaten alles geschafft hatte. Außerdem hatte ihre Kirchengemeinde sie unterstützt, auch bei Fahrten und Erledigungen. Und im Krankenhaus hatte man ihm einen Pflege-Anbieter mit neurologischen Therapien vermittelt, bei dem wir noch am selben Tag einen Vorstellungs-Termin wahrnehmen konnten. Das kann man durchaus Glück nennen.

Als ich bei dem Mann zu Hause ankam, waren auch die beiden großen Söhne dort. Alle strahlten und erschienen mir ziemlich glücklich! Die Mutter und Ehefrau lag im Krankenhaus und die weitere Situation war komplett unklar. Auch, was die Finanzen anging, denn ein Gehalt fiel ja nun für längere Zeit aus. Und wie sie den notwendigen Umbau des Hauses bewältigen sollten, war ebenfalls unklar. Doch die ganze Familie war ganz einfach glücklich, da sie jetzt durch mich eine weitere Hilfe erhalten hatte.

Ich bin dann mit den Dreien in das neurologisch ausgerichtete Pflege-Zentrum gefahren. Das Gespräch dort verlief sehr produktiv, entspannt und zielgerichtet, weil die drei Herren relativ fröhlich und locker waren. Wir konnten viele schwierige Fragen sogar mit Humor lösen!

Schließlich fragte ich die Drei nach dem Geheimnis ihres Glückes. Sie erklärten mir, dass sie bezüglich des Unfalls ausschließlich Glück gehabt hätten. Zwar sei vieles nicht optimal gelaufen und die Mutter/Ehefrau hätte mehrfach mit dem Tode gerungen – es sei aber immer wieder alles gut ausgegangen. Das familiäre und das private Umfeld und auch die Gemeinde hätten ihnen geholfen. Und somit dazu beigetragen, dass die Familie sich glücklich schätzen könne.

Dieses Beispiel zeigt, dass Glück nicht immer von materiellen Dingen abhängen muss. Es kann auch darin bestehen, dass man Hilfe bekommt. Möglicherweise auch von jemandem, den man überhaupt nicht kennt. Oder von dem man es nicht erwartet hätte.

In diesem Fall verblüfft die positive Sichtweise der Familie umso mehr, als dass wirklich widrige Umstände vorlagen: Frau Schimkowsky lag in einer Klinik in Hamburg und die Familie wohnte im Bereich Osnabrück. Aber fast täglich fuhr jemand der Familie hin. Ebenfalls ein wunderbarer Zufall (im Sinne von: ihnen ist etwas zugefallen) war die spätere Unterbringung von Frau Schimkowsky in einem Behandlungs-Zentrum, das auf ihre neurologischen Ausfälle spezialisiert war. Denn einer der Söhne studierte in derselben Stadt, und der andere zog gerade in eine benachbarte Gemeinde. Die Wege minimierten sich also. Noch ein glücklicher Umstand war, dass die Versicherung, quasi als Sicherheitsnetz, Leistungen gewährte, die die Sozialversicherung nicht zahlen konnte. Normale Praxis ist das nicht.

Das alles hat auch viel damit zu tun, wie Sie mit einer Situation umgehen. Wie auch immer sie geartet ist. Die oben genannte Werteliste kann Ihnen dabei helfen, zu schauen, wo es hingehen soll. Und was spricht schon dagegen, "Glück" ganz nach oben zu setzen?

Ich selbst habe das auch erlebt: Ich steckte in einer Phase, in der es mir so schlecht ging, dass ich sogar an Selbstmord dachte. Erst, nachdem ich gelernt hatte, meine Gedanken neu auszurichten, ging es mir nachhaltig besser. Auch mir hat hier eine Werteliste weitergeholfen. Viele Dinge, die mir vorher wie riesige (Problem-)Berge erschienen, haben sich nahezu wie von selbst aufgelöst.

Eine ganze Weile lang habe ich dann bereut, dass ich nicht schon eher gelernt hatte, mein Denken umzugestalten. Es hätte mir vieles erspart. Aber dieser Gedankengang ist wiederum rückwärts gerichtet. "Hätte", "könnte" oder "würde" bieten keine Optionen für ein erfülltes Jetzt. Heute nehme ich mir die Zeit, die positiven Aspekte jeder Sache zu beleuchten. Dann fällt mir in der Regel auch eine glückliche Lösung ein, und die Umstände verändern sich zum Guten.

### 1.2.2 Nadja Simmersdorf startet durch

Nadja Simmersdorf, die von einem Bus angefahren wurde, kennen Sie ja nun schon. Ich habe sie über eine lange Zeit mit viel Unterstützung und einer Menge Arbeit gefördert. Dabei habe ich auch sogenannte "Glücksarbeit" angewendet. Wir haben zum Beispiel daran gearbeitet, dass sie ihre Ziele formuliert und aufschreibt. Alle diese Ziele sollten mit einem Glücksgefühl verbunden sein. Und – ob Sie es glauben oder nicht: Frau Simmersdorf hat fast alle Ziele erreicht!

Tatsächlich ist es so, dass man sein Glück in die eigenen Hände nehmen kann. Man kann es formen und fördern mit allen möglichen Techniken der Glücksarbeit. Frau Simmersdorf formulierte dies so:

*"Es ist eine bewusste Entscheidung, ob ich mein Leben ändern will oder nicht. Und ob ich Freude im Leben erfahre. Man kann ganz einfach beschließen, glücklich zu sein."*

Das klingt vielleicht ein wenig simpel gedacht, aber es bedeutet nichts anderes, als dass Sie sich auf die positiven Dinge im Leben konzentrieren. Denn die gibt es immer und in jedem Leben. Und dass Sie diese bewusst genießen. Und dann gezielt versuchen, sich immer mehr solcher Genuss-Momente zu verschaffen.

Und es ist eine Sache der Einstellung. Wenn Sie viele Jahre des Leidens und voller Probleme hinter sich haben, dann haben Sie jetzt genau zwei Möglichkeiten, wie Sie damit umgehen können: Entweder, Sie können frustriert feststellen, dass Sie nun einmal eine Person sind, der nichts vergönnt ist. Die es schwer hat. Deren Leben eben hart ist. Woran man nun einmal nichts ändern kann – vor allem nicht Sie selbst, denn Sie sind ja machtlos und geschwächt durch diese schweren Zeiten. Oder Sie können beschließen, dass Sie jetzt so viel gelitten haben, dass es ganz einfach reicht. Dass es dringend

Zeit wird für die schönen Seiten des Lebens. Und Sie können sich gezielt danach umsehen. Schließlich haben Sie es wirklich einmal verdient.

Ich brauche wohl nicht näher zu erläutern, welche der beiden Einstellungen die Gewinnbringendere ist.

Jetzt fragen Sie sich vielleicht, wie denn das gehen soll, dass man seine Einstellung zu sich selbst und dem Leben mal eben so über Nacht ändert. Wie soll man denn plötzlich sein Leben annehmen und positiv sehen, wenn es einem bisher nur Steine in den Weg gelegt hat? Ich stelle die Frage dagegen, was Ihnen eine negative Sichtweise einbringt: Sie deprimiert, sie tötet Hoffnung, sie macht Sie handlungsunfähig. Und sie ist unendlich anstrengend. Wenn Sie mal ganz genau (und ehrlich) hinschauen, dann hat Ihre negative Ausrichtung vor allem damit zu tun, dass Sie sich selbst kein Glück zugestehen.

Das hat etwas mit fehlender Eigenliebe zu tun. Oder können Sie von sich behaupten, dass Sie sich selbst bedingungslos lieben? Und wieder stellt sich die Frage, wie man sich denn plötzlich selbst lieben soll, wenn man es bisher nicht getan hat. Darauf gebe ich zwei knappe Antworten – in Frageform: Erstens: Ist es nicht weitaus anstrengender, sich jeden Tag zu hassen – und diesen Hass auch noch aushalten zu müssen?[13] Und zweitens: Wie war das noch mit Ihren Stärken?

## 1.3 Ihre Stärken – Die Sache mit dem Stolz

*"Stärke entspringt nicht aus physischer Kraft, sondern aus einem unbeugsamen Willen."*

Mahatma Gandhi (1869-1949)[14]

Eigentlich ging es in diesem Kapitel ja darum, eine Inventur zu machen. Was also hat das Thema "Stärken" mit einer Inventur zu tun? Oder der Begriff "Stolz"? Nun, das liegt bei genauerer Betrachtung eigentlich recht nahe:

Wenn Ihnen (zum Beispiel nach einem Schlaganfall) bestimmte Fähigkeiten abhandengekommen sind, dann zieht dies einiges an Schwierigkeiten nach sich. Auch, was Ihren Alltag betrifft. Vielleicht leben Sie für mehrere Wochen oder Monate nicht zu Hause, sondern in einer Reha-Klinik. Ihnen fehlen dann das gewohnte Umfeld und die sozialen Kontakte,

---

[13] Zum Thema "Eigenliebe" siehe auch: Betz, Robert: Willst du normal sein oder glücklich? Aufbruch in ein neues Leben und Lieben. Wilhelm Heyne Verlag, München 2011. S. 172 ff.

[14] Eigentlich Mohandas Karamchand Gandhi, indischer Rechtsanwalt, Widerstandskämpfer und Pazifist.

die Sie normalerweise brauchen, um sich wohl und sicher zu fühlen. Möglicherweise fehlen Ihnen plötzlich Fähigkeiten, die Ihnen bisher als das Normalste von der Welt vorkamen. Etwa die, selbstständig essen zu können. Sie sind auf Hilfe von Fremden angewiesen. Ihr Körper funktioniert nicht wie sonst. Alles ist anders, und Sie wissen nicht, ob Sie es schaffen werden, den alten Stand wieder zu erreichen. Das macht unsicher, möglicherweise Angst. Manchen nimmt es jeglichen Mut.

Dies ist der Zeitpunkt, an dem eine Inventur zum Thema "Stärken" Sie sinnvoll weiterbringt. Jeder Mensch hat Stärken. Und nicht alle diese Stärken sind von dem Schlaganfall (oder was auch immer Ihnen passiert ist) beeinträchtigt. Viele werden wiederkehren. Es wird also Zeit, sich Ihrer Stärken bewusst zu werden, damit Sie sie gezielt einsetzen können, um die Ausnahmesituation, in der Sie sich gerade befinden, erfolgreich zu bewältigen. Das gilt gleichermaßen für die Menschen aus Ihrem Umfeld, die Sie möglicherweise betreuen oder pflegen. Also für Ihre Familie, Nachbarn oder Freunde. Auch für sie ist es schließlich eine Ausnahmesituation.

Bewährt hat sich eine ganz einfache Methode: Greifen Sie zu einem Blatt Papier und schreiben Sie spontan zehn Ihrer Stärken auf. Ohne viel zu überlegen, und ohne darüber nachzudenken, ob und was diese Stärken mit der aktuellen Situation zu tun haben könnten.

Manchen fällt dies sehr schwer, es will ihnen einfach nichts einfallen. Manche haben sich sogar noch nie Gedanken darum gemacht, was für Fähigkeiten sie besitzen. Möglicherweise glauben sie sogar, sie hätten keine. Wenn es Ihnen ähnlich geht, dann denken Sie doch einmal an Situationen zurück, in denen Sie Erfolg hatten. Oder belohnt wurden. Oder gelobt wurden.

Anderen fallen sofort jede Menge Stärken ein. Sie schreiben das Blatt in wenigen Augenblicken voll. Doch das heißt noch lange nicht, dass ihnen diese Stärken deswegen mehr nutzen.

Und hier kommen wir zum Thema "Stolz". Mal ganz ehrlich: Sind Sie stolz auf die Stärken, die Sie notiert haben? Angenommen, Sie haben als eine Ihrer Stärken "gutes Einfühlungsvermögen" geschrieben. Würden Sie das auch offen aussprechen? Würden Sie anderen mitteilen: "Übrigens, ich habe ein verdammt gutes Einfühlungsvermögen"? Den meisten Menschen geht es gegen den Strich, Ihre eigenen Stärken zu benennen, sich offen dazu zu bekennen. "Stolz" hat einen leicht bitteren Beigeschmack. Er klingt in manchen Ohren eingebildet oder überheblich. Nicht wenige von uns kennen den Spruch "Eigenlob stinkt"[15].

---

[15] Eine der ältesten Quellen, in denen man diese Aussage findet, sind die philosophischen Abhandlungen des griechischen Schriftstellers Plutarch (45-125 n. Chr.).

Aber natürlich macht es einen Unterschied, ob Sie Ihre guten Eigenschaften laut herausposaunen und damit prahlen, oder ob Sie sich einfach nur darüber bewusst sind, wer Sie sind und was Sie können. Um Letzteres geht es hier. Um Bewusst-Sein. Oder auch: Selbst-Bewusst-Sein. Es geht nicht darum, mit Ihren Eigenschaften Lob oder Bewunderung einzuheimsen. Dafür können Sie sich nichts kaufen. Es geht vielmehr darum, Ihre Stärken überhaupt erst einmal zu erkennen. Um sie zu nutzen. Für sich selbst. Und wenn Sie das tun, dürfen Sie auch stolz darauf sein. Egal, was andere davon halten.

In Zeiten, in denen vieles nicht geht, wie es soll, kann es also nicht schaden, Inventur zu machen. Zu schauen, was alles geht. Ein Beispiel: Vielleicht können Sie gerade nicht sprechen. Aber deswegen ist Ihre Fähigkeit, sich gut auszudrücken, noch lange nicht verloren gegangen. Sie ist deswegen auch nicht weniger wert. Sie können ja noch schreiben. Und möglicherweise wieder sprechen lernen. Seien Sie also trotzdem stolz auf diese Fähigkeit und bewahren sie sich diese gut!

Und was vor allem wichtig ist: Wenn Sie genau hinschauen, werden Sie feststellen, dass einige Ihrer Stärken Ihnen sogar gezielt dabei helfen können, Ihre Situation zu verbessern. Haben Sie als Stärke vielleicht "Durchsetzungsfähigkeit" aufgeschrieben? "Ausdauer"? Womöglich "Gelassenheit"?

Perfekt. Genau das brauchen Sie jetzt. Und es ist wichtig, sich darüber bewusst zu sein, was man kann. Denn nur dann kann man diese Fähigkeiten auch selbst-bewusst einsetzen.

Auch Stärken, die Sie im ersten Moment vielleicht als nutzlos betrachten, können bei näherem Hinsehen der Situation zuträglich sein. Was zum Beispiel ist mit "Phantasie"? Nutzlos bei einem Schlaganfall? Das mag auf den ersten Blick so erscheinen, denn egal, wie viel Phantasie Sie haben: Sie können davon noch lange nicht wieder laufen. Trotzdem: Phantasie hilft Ihnen zum Beispiel, sich Möglichkeiten auszudenken, wie Sie Ihren Alltag bewältigen. Auch wenn alles Körperliche gerade schwerfällt. Oder ein Buch zu schreiben (notfalls zu diktieren), solange Sie nicht arbeiten können. Oder einfach kreativ die Zeit zu überbrücken, wenn Sie mal wieder auf einen der vielen Arzttermine warten. Oder auch Pläne machen für die Zeit, in der Sie sich wieder aus eigener Kraft fortbewegen können. Apropos "Kraft": Stärken bedeuten auch Kraft. Und die brauchen Sie, um wieder fit zu werden. Soweit es eben geht.

Also, auf geht's: Notieren Sie Ihre Stärken! Und dann überlegen Sie, wie Sie diese in Ihrer jetzigen Situation einsetzen können. Sie werden staunen, wieviel Potenzial in Ihnen steckt! Und das, obwohl Sie womöglich gerade noch dachten, Ihr ganzes bisheriges Leben sei zusammengebrochen. Und wenn Sie diese Stärken dann gezielt einsetzen, dann dürfen Sie ruhig stolz auf das Ergebnis sein. Wieder einmal gilt: Eine selbst-bewusste Einstellung ist schon die halbe Miete!

Und Stolz bedeutet schließlich nichts anderes als die Gewissheit: Das habe ich gut gemacht! Ich kann etwas! Ich habe Stärken!

Was im Zusammenhang mit den Stärken noch wichtig ist: Es geht nicht darum, zu vergleichen. Es hat nichts (aber auch rein gar nichts!) mit Ihren Stärken zu tun, wenn Sie langsamer als Ihr Bettnachbar genesen. Deswegen sind Sie noch lange nicht weniger stark. Und Sie haben auch nicht weniger Grund, auf Ihre Erfolge stolz zu sein. Denn: Er hat nicht dasselbe Krankheitsbild wie Sie. Möglicherweise ist er vorher sportlicher gewesen. Oder er ist jünger. Er hat andere Stärken und Schwächen und auch andere Strategien, mit seiner Situation umzugehen. Er hat vielleicht einen anderen Arzt. Oder eine andere Behandlung. Oder ... Denken Sie einfach nicht darüber nach. Es bringt Sie nicht weiter. Lieber sollten Sie sich auf Ihre ganz persönlichen Stärken konzentrieren. Die bringen Sie nämlich sehr wohl weiter.

Was Ihnen auch nichts einbringen wird, ist, eine Gewichtung vorzunehmen, welche Stärken Ihnen am meisten helfen. Besser ist, sich darüber klar zu werden, dass jede einzelne Stärke

Ihnen weiterhelfen kann. Egal, wie stark sie ausgeprägt ist. Kann – nicht muss. Wenn Sie sich diese dann bewusst machen. Und sie einsetzen.

In der Praxis stelle ich immer wieder fest, dass Unfallopfer (oder schwer Erkrankte) sich keine Stärken zugestehen mögen. Sie meinen oft sogar, sie haben gar keine. Und stolz dürften sie auch nicht sein. Ich habe mich oft gefragt, woran das wohl liegen mag. Am Plausibelsten erscheint mir, dass dies eine Erziehungsfrage ist. Eine sogenannte "kulturelle Prägung". Wie oben schon beschrieben, hat "Stolz" oft einen negativen Beigeschmack. Ganz zu Unrecht, meine ich. Betroffene denken oft, wenn sie einen Teil ihrer Fähigkeiten eingebüßt haben, sind sie weniger wert. Sie tragen nichts oder zumindest weniger zum Wohle der Gesellschaft oder zum Familieneinkommen bei. Sie fallen vielleicht zur Last. Sie kosten möglicherweise viel Geld. Worauf bitte, fragen diese Menschen mich dann, sollen sie denn da stolz sein?

Die Antwort ist ganz einfach: Auf alles, was sie sind und was sie können. Und darauf, dass sie mit diesen (möglicherweise stark eingeschränkten) Möglichkeiten trotzdem ihren Weg gehen und sich in Richtung Genesung voran arbeiten.

## 1.4 Der Faktor Zeit

*"Es ist nie zu früh,
mit dem Sichfreuen und Glücklichsein anzufangen."*

Rainer Kaune (*1945)[16]

Dass eine Genesung Zeit braucht, ist wohl jedem klar. Das gilt für einen schlichten Schnupfen genauso wie für eine Unfallverletzung oder einen Schlaganfall. Bei einer schweren Erkrankung oder Verletzung wird das Leben danach oft von Therapie-Plänen und Verordnungen beherrscht. Eine Reha-Maßnahme, die auf sechs Wochen begrenzt ist, wird möglicherweise dazu führen, dass Sie den Drang verspüren, in diesem knappen Zeitrahmen gesund werden zu müssen. Schließlich wissen Sie nicht, ob das Rezept noch einmal verlängert wird. Und so werden Sie mit fortschreitender Behandlungszeit immer unruhiger. Vor allem, wenn die erhofften Erfolge zu Anfang ausbleiben. Sie setzen sich unter Druck und erreichen somit das genaue Gegenteil von dem, was Sie eigentlich wollten: Sie machen sich Stress, anstatt sich zu erholen. Und erschweren sich damit die Heilung.

---

[16] Deutscher Autor (auch unter dem Pseudonym Heinrich Berner), Herausgeber und Pädagoge.

Hier bietet sich zuerst eine Inventur an, wie ich sie oben bereits vorgeschlagen habe: Was ist positiv? Was läuft bereits? Und erst zuletzt: Was fehlt noch? Und – ebenfalls sehr wichtig: Wer kann helfen? Helfer sparen Zeit. Und die wird durch die vielen Therapien schon genug begrenzt. Es gilt also, sich die verbleibende Zeit so gut wie möglich einzuteilen, um sich optimal zu versorgen. Und somit schneller gesund werden zu können.

So ging es zum Beispiel auch Christoph Lohmann. Christoph Lohmann wollte sich von mir beraten lassen. Allerdings war es schon schwierig, überhaupt einen Termin zu finden, an dem er nicht gerade irgendeine Therapie hatte. Einen solchen Termin ausfallen zu lassen, erschien ihm unmöglich.

Bei unseren Gesprächen haben wir dann erst einmal einen Zeitplan erstellt. Dabei kam heraus, dass einige seiner Therapien sehr ungünstig lagen, manche verursachten sogar unnötige Fahrtzeiten. Wir haben also einen neuen Plan entworfen und so allein durch Zeitersparnis eine erste Entlastung geschaffen.

Dann stellte sich heraus, dass Herr Lohmann zu einer der vielen Therapien nur deshalb hinging, weil der Hausarzt sie ihm verschrieben hatte. Es handelte sich um eine psychologische Beratung. Eigentlich hatte er diese Therapie gar nicht haben wollen. Und sie brachte ihm auch keinen sicht- oder spürbaren Erfolg.

Sie sollten Therapien durchaus in Frage stellen! Immerhin sind sie für den jeweiligen Therapeuten auch eine Einnahmequelle. Deswegen sollten Sie auch nicht damit rechnen, dass ein Therapeut sagen wird: "Das bringt nichts. Gehen Sie lieber nach Hause und ruhen sich aus." Erinnern Sie sich noch an Ellen Kämmerer *(siehe Kap. 1.1.3: Ellen Kämmerer mistet aus)*?

Und auch die Ärzte, die diese Therapien verschreiben, sind nicht allwissend. Sie empfehlen und verschreiben oft einfach das, was sich bewährt hat. Aber Sie sind eine individuelle Persönlichkeit, und deshalb kann es sein, dass diese Maßnahme (auch wenn sie hundert anderen prima geholfen hat!) bei Ihnen rein gar nichts bringt. Hinterfragen Sie also alle Maßnahmen und Therapien dahingehend, ob sie Ihnen etwas nutzen – oder ob sie nur Ihre Zeit verschwenden.

Wenn Sie von einem Termin zum anderen hetzen, ist das nicht das, was Ihr Körper und Ihr Geist gerade brauchen. Zum Gesundwerden gehört auch Ruhe. Verschaffen Sie sich also gezielt Ruhezeiten. Sie sind mindestens so wichtig wie Therapien und Medikamente. Das Sprichwort "In der Ruhe liegt die Kraft"[17] dürfen Sie sich ruhig zu einem Ihrer Leitsätze machen.

---

[17] Auch dieses Sprichwort stammt von dem chinesischen Philosophen Konfuzius (K'ung-fu-tzu) (551-479 v. Chr.).

Zeitmanagement-Experten raten, sich mehr Zeit für die wirklich wichtigen Dinge einzuräumen.[18] Und genau darum geht es auch hier. Nicht die Masse macht den Erfolg Ihrer Therapie aus. Sondern die Dosis – und zwar in Kombination mit ausreichend Ruhephasen. Sie sollten Ihre Zeit also managen, um sie optimal zur Heilung nutzen zu können. Konzentrieren Sie sich auf das, was Sie wirklich weiterbringt.

Eine weitere Erkenntnis der Experten[19] ist, dass Schnell-Sein noch lange nicht schnelle Erfolge bedeutet. Im Gegenteil: Schnell-Sein kann auch überfordern. Und dann geht das Ganze (schnell) nach hinten los ...

Bestimmt haben Sie den Begriff "Work-Life-Balance" schon gehört. Es geht hier um eine ausgewogene Mischung zwischen Arbeit (oder in Ihrem Fall Therapie) und Freizeit. Aber was genau ist "Balance"? Und wie schafft man sie? Es gibt dafür leider kein Patentrezept. Also auch nicht in Bezug auf eine sinnvolle (balancierte) Aufteilung Ihrer Zeit. Manch einem tun lange Ruhezeiten auf dem Sofa gut. Ein anderer kann nicht eine einzige Minute still sitzen und arbeitet daher

---

[18] Z. B. Lothar Seiwert: Mehr Zeit für das Wesentliche. Besseres Zeitmanagement mit der SEIWERT-Methode. mvg Verlag, im Verlag moderne industrie AG, München/Landsberg am Lech 1995.

[19] Z. B. Lothar Seiwert: Wenn du es eilig hast, gehe langsam. Mehr Zeit in einer beschleunigten Welt. campus Verlag Frankfurt/New York, 2005.

lieber im Garten. Oder joggt durch den Wald, weil er dabei am besten abschalten kann. Solche Ruhezeiten (wie auch immer sie optimalerweise für Sie aussehen) sollten Sie also bei Ihrer Zeitplanung ebenfalls mit einbeziehen.

Der Begriff "Zeitmanagement" wurde lange Zeit als eine Anleitung zur optimalen Ausnutzung von Zeit verstanden. Es ging also darum, in jede Minute noch etwas hineinzuquetschen, um am Ende des Tages einen möglichst hohen "Ertrag erwirtschaftet" zu haben. Es ging um die Optimierung der eigenen Effizienz. Um Maximal-Leistungen. Inzwischen haben die Forscher eingesehen, dass dies nicht sinnvoll ist. Wenn man sich und seine Kräfte ausbeutet, um möglichst viel zu leisten, dann ist irgendwann die Kraft verbraucht. Krankheitsbilder wie der viel beschriebene "Burnout" (Ausgebrannt-Sein) entstehen. In den USA spricht man auch von "Hurry-Sickness" (Hetz-Krankheit)[20].

Heute geht es beim Zeitmanagement deswegen eher darum, sich die Zeit so einzuteilen, dass man mit seinen Kräften haushaltet. Sie also spart oder immer wieder regenerieren lässt. Deswegen wird die Zeit eingeteilt in Phasen, in denen

---

[20] Siehe z. B. Lothar Seiwert: Wenn du es eilig hast, gehe langsam. Mehr Zeit in einer beschleunigten Welt. campus Verlag Frankfurt/New York, 2005, S. 24 ff.

etwas geleistet wird, und solche, in denen sich erholt wird. Je besser Sie sich diese Phasen zusammenstellen, desto besser ist dann auch Ihre Leistungsfähigkeit. Aber auch Ihre persönliche Zufriedenheit. Und natürlich – als Folge davon – Ihre Gesundheit.

Wenn Sie sich also einen Zeitplan aufstellen, sollten Sie auf eine ausgewogene Mischung von Tun und Lassen achten. Auch ein Rennauto fährt nie immer nur Vollgas. In den Kurven bremst es ab, und von Zeit zu Zeit fährt es in die Boxengasse. Nur so hat es Chancen, das Ziel zu erreichen oder sogar das Rennen zu gewinnen.

Und was ebenfalls sehr wichtig ist: Das Ziel, das Sie innerhalb einer bestimmten Zeitspanne erreichen möchten, muss klar sein. Denn wenn Sie nicht wissen, wo es hingehen soll, brauchen Sie gar nicht erst loszulaufen.

Um Ziele ging es ja bereits in Kapitel 1.1 *(Werte – Die Richtungsweiser in Ihrem Leben)*. Hier ging es auch um unterbewusste Werte, Einstellungen und Richtungsweiser, und wie man mit ihnen umgeht. Diese inneren Richtungsgeber sind auch bei der Erstellung eines Zeitplanes wichtig. Denn nur, wenn Sie wissen, wie Sie später mit einem solchen Plan umgehen werden, können Sie ihn auch so aufstellen, dass er Sinn macht. Es kann sein, dass Sie dazu neigen, einen Punkt nach dem anderen zügig und in einer festen Reihenfolge abzuarbeiten. Vielleicht sind Sie aber auch weniger streng strukturiert und möchten mehr Lücken lassen für Spontanes und Erholung.[21] Ein Zeitplan sollte immer so gestaltet sein, dass er Ihrem Typ entspricht. Also der Art und Weise, wie Sie Arbeiten und Aufgaben angehen.

Was ebenfalls eine wichtige Rolle spielt, ist Ihre ganz persönliche Leistungskurve. Man nennt das auch "Biorhythmus". Kurz gefasst: Wenn Sie wissen, dass Sie nach dem Mittagessen immer müde werden und eine knappe Stunde brauchen, um wieder fit zu werden, dann nutzt es wenig, Therapien in diesen Zeitraum zu legen. Sie werden dann weniger bringen. Nicht nur, weil Sie nicht mit voller Muskelkraft mitmachen. Sondern auch, weil Ihr Körper in einer Regenerationsphase auf Ruhe gepolt ist und nicht darauf, Informationen zu verarbeiten. Jegliche Form von Therapie bringt mehr, wenn Sie wach und ausgeruht herangehen. Achten Sie bei Ihrer Terminplanung also auch darauf, dass Sie Termine ergattern, die zu Ihrem ganz eigenen Tagesrhythmus passen. Ebenso der Monats- und Jahresrhythmus sollten nicht außer Acht gelassen werden. Sind Sie im Winter dauerhaft müde, sobald es

---

[21] Siehe z. B. in: Oberbichler, Thomas: Metaprogramme im NLP erkennen, verstehen, anwenden. Erfolgreich im Alltag. "Erfolgreich im Alltag". be wonderful! Verlag, Wien 2013 oder: Verlag Thomas Oberbichler (E-Book), 2013.

dunkel wird? Oder im Sommer schlapp, wenn es heiß ist? Dann legen Sie anstrengende Termine auf Zeiten, bei denen Tageslicht herrscht, oder lassen Sie sie in den kühlen Morgenstunden stattfinden.[22]

Man kann jedoch nicht immer auf den Biorhythmus Rücksicht nehmen. Manche Dinge lassen sich eben nicht verschieben. Das ist dann aber noch lange kein Drama: Sie können vieles auch an- oder umtrainieren. Ein gutes Beispiel dafür sind die Verdauungszeiten bei Querschnitts-Gelähmten. Nicht immer hat ein Pflegedienst die Möglichkeit, sich auf die gewohnten Zeiten einzustellen. Vielleicht dauert es eine Weile, aber ein Umtrainieren ist durchaus möglich.

Generell gilt: Therapien wie auch Ruhezeiten sollen Ihnen nutzen. Achten Sie also bei Ihrer Zeitplanung darauf, dass Sie aus jedem einzelnen Termin maximalen Nutzen ziehen. Auch und vor allem aus den Pausen-Terminen.

Und was oft falsch verstanden wird: Ruhephasen bedeuten nicht, dass Sie in dieser Zeit unproduktiv sind! Im Gegenteil: Sie sammeln neue Kraft für weitere Erfolge. Nicht wenige

---

[22] Wertvolle Hinweise zum Thema "Biorhythmus" finden sich z. B. hier: Lothar Seiwert: Mehr Zeit für das Wesentliche. Besseres Zeitmanagement mit der SEIWERT-Methode. mvg Verlag, im Verlag moderne industrie AG, München/Landsberg am Lech 1995.

Menschen können Ruhephasen und Produktivität auch miteinander verbinden: Sie meditieren beim Unkrautjäten, machen Atemübungen beim Spaziergang oder lernen Vokabeln, während sie Yoga machen. Wohl deshalb haben viele Menschen gerade in den Ruhephasen die besten Ideen. Viele Erfinder, Künstler oder Forscher bestätigen das. Dem Physiker Albert Einstein ist die entscheidende Idee zu seiner berühmten Relativitäts-Theorie gar auf dem stillen Örtchen gekommen! Nutzen also auch Sie Ihre kleinen und großen Ruhepausen dazu, um über Ihre Situation nachzudenken. Und sie zu optimieren!

**1.5 Neue hundert Prozent – jetzt!**

*"Das Geheimnis des Erfolges liegt in der Zielstrebigkeit."*

Benjamin Disraeli (1804-1881)[23]

In den vorangehenden Kapiteln wurde bereits über Fähigkeiten und Ressourcen gesprochen *(vor allem in Kap. 1.3: Ihre Stärken – Die Sache mit dem Stolz)*. Und darüber, dass jeder Mensch eine ganze Menge davon hat. Wenn ein Unfall geschehen oder eine schwere Krankheit eingetreten ist, wird oft

---

[23] Auch: 1. Earl of Beacensfield, britischer Staatsmann und Romanschriftsteller.

von Ärzten und Therapeuten ein "Leistungsbild" zu dem Betroffenen erstellt. Da werden grundsätzlich erst einmal Defizite aufgelistet. Und daraufhin werden dann Therapien zusammengestellt. Es wird also vom Ist-Zustand ausgegangen und versucht, diesen schrittweise zu verbessern – in Richtung Normalzustand eines Gesunden. Therapiefortschritte werden so nicht unbedingt wahrgenommen. Der Zustand ist ja immer noch insgesamt schlecht. Und da kein persönliches Ziel festgelegt wird, machen diese Fortschritte nicht gerade glücklich. Denn erstens sind sie eben nur klein, zweitens ist der Weg zum Ideal unendlich weit – und drittens ist das Ziel möglicherweise komplett unrealistisch.

Wenn jedoch von vornherein ein Ziel abgesteckt wird, das erreichbar ist, nehmen die Betroffenen die Schritte in diese Richtung viel eher wahr. Schließlich kommen sie mit jedem noch so kleinen Schritt dem persönlichen Ziel ein erkennbares Stück näher. Das baut auf. (Auf Ziele und darauf, wie Sie sie sinnvoll formulieren können, wird später noch genauer eingegangen – in *Kap. 3: Reha – und andere Ziele*)

Was Sie sich für ein Ziel stecken, und ob dieses Ihnen weiterhilft, hängt wiederum davon ab, was Sie sich zutrauen. Und das hat mit Ihrem Selbstbild zu tun. Im Laufe des Erwachsen-Werdens entwickeln viele Menschen ein negatives Bild von sich selbst. Dann werden sie keine größeren Erfolge erleben. Denn jemand, der von sich selbst nicht überzeugt ist, kann auch andere nicht überzeugen.

Man kann aber durchaus an seinem Selbstwertgefühl arbeiten. Dazu gibt es unzählige Methoden. Letztlich muss aber jeder für sich selbst entscheiden, welche Methode ihm weiterhilft.

Ganz klar ist aber: Je positiver der Selbstwert eingeschätzt wird, desto höhere Ziele traut man sich zu setzen. Und diese sind dann nicht etwa schwerer zu erreichen! Im Gegenteil: Man erzielt auch in der Therapie größere Erfolge. Und zwar leichter und schneller als mit einem schlechten Selbstbild. Es lohnt sich also, an seinem Selbstbild (und somit an seinen Werten und Einstellungen!) zu arbeiten.

Zum Thema "Einstellungen" gehört auch, was wir unter "hundert Prozent" verstehen. Wenn Sie immer gern gejoggt sind und nun im Rollstuhl sitzen, ist klar, dass das, was einmal Ihre hundert Prozent waren, heute vielleicht noch vierzig Prozent sind. Was für eine deprimierende Erkenntnis! Sie wird Sie nicht gerade aufbauen ... Durch das Leistungsbild der Therapeuten wird diese Sichtweise nur noch bestärkt. Immerhin werden hier gnadenlos Ihre Un-Fähigkeiten aufgelistet. Sprüche von Mitmenschen, wie "Das wird wohl nie wieder richtig gut werden" oder "Schade, dass Du jetzt nicht mehr mitmachen kannst" sind genauso entmutigend. Kein Wunder aber, wenn alle von Ihren alten(!) hundert Prozent ausgehen!

Was aber ist mit Ihren jetzigen, also mit Ihren neuen(!) hundert Prozent? Mag sein, dass das zuerst ein wenig sarkastisch klingt. Ist es aber nicht.

Und letztlich tut ein Umdenken Not: Man kann z. B. auch an einem Rollstuhl-Marathon teilnehmen. Das wäre ein sinnvolles und erreichbares Ziel. Zumindest erst einmal. Man könnte diesen auch gewinnen – auch das kann Ziel sein. Und je mehr Ziele man erreicht oder sich ihnen nähert, desto zuversichtlicher wird man automatisch. Und das wiederum ist ein wunderbarer Nährboden für weitere Erfolge.

Erkunden Sie also Ihre ganz persönlichen hundert Prozent. Seien Sie dabei sowohl realistisch als auch ein wenig übermütig. Manches mag nicht mehr gehen, aber vieles eben doch. Und vieles Neue sowieso. Ihr Leben ist jetzt ein anderes. Vergessen Sie also nicht, dass Sie jetzt auch anders denken und planen sollten. Betrachten Sie Ihre Situation offen und ehrlich und erstellen Sie eine Bilanz. Machen Sie Inventur – aber gründlich (siehe *Kap. 1: Inventur ist gleich Struktur*). Und: Trauen Sie sich Erfolge zu! Denken Sie an all Ihre Fähigkeiten und Ressourcen (siehe *Kap. 1.3: Ihre Stärken – Die Sache mit dem Stolz*)! Manche davon haben Sie vielleicht noch nie genutzt – und können sie jetzt wunderbar gebrauchen! Und wenn Sie einen Schritt nach vorn gegangen sind, seien Sie stolz darauf. Auf jeden einzelnen Schritt. Sie haben es allemal verdient!

Folge 93 bis 97 meiner Podcast-Sendungen[24] berichten von Boris Guentel, der im Rollstuhl sitzt. Er ist mit dem Rollstuhl-Bike von Cloppenburg bis nach Kappeln an der Schlei gefahren, das sind über 300 Kilometer. Und das in 9 Stunden und 55 Minuten. Das war nur möglich, weil er sich auf seine verbliebenen hundert Prozent konzentriert hat. Und nicht auf die, die er mal hatte. Und diese verbliebenen hundert Prozent hat er konsequent ausgebaut. Es kommt also allein auf die Blickrichtung an: Nach vorn, und nicht zurück!

Zu einem nach vorn gerichteten Blick gehört auch, immer im Jetzt zu leben. Das klingt nach Widerspruch? Nur auf den ersten Blick:

Angenommen, Sie finden eine Frau toll und warten Tag für Tag darauf, dass diese sie einmal anspricht. Sie verbringen also all ihre Tage mit Warten. Für wie hoch halten Sie die

---

[24] Jörg Dommershausen: Auf geht's – der Reha-Podcast! Folge 93: Alles, was geht; Folge 94: Barrierefreiheit ist alles; Folge 95: Tiefpunkte überwinden; Folge 96: Persönliche Siege; Folge 97: Phänomenale Zeit.

Wahrscheinlichkeit, dass die Frau Sie anspricht? Rein rechnerisch kann sie höchstens bei 50 Prozent liegen. Die anderen 50 Prozent stehen für die Möglichkeit, dass Sie die Frau Ihrerseits ansprechen. Aber das haben Sie ja gar nicht vor. Sonst würden Sie ja nicht warten. Warum also soll es der Frau anders gehen? Sie verbringen Ihre Zeit also mit Warten, anstatt zu handeln. Warten ist nicht gerade produktiv. Meistens führt es zu rein gar nichts. Es ist verschwendete Zeit. Das ist keine nach vorn gerichtete Vorgehensweise – und deswegen zum Misserfolg verdammt.

Statt immer auf etwas zu warten, das Sie vermeintlich brauchen, um Ihr Leben genießen zu können, können Sie viel besser im Jetzt leben und das Leben einfach jetzt schon genießen. Meinetwegen, bis etwas passiert. Um beim Beispiel zu bleiben: Wenn Sie etwas tun anstatt nur zu warten, steigt die Wahrscheinlichkeit, dass die Frau sich für Sie interessiert. Vielleicht lässt sie auf sich warten. Dann ist es Ihre Entscheidung, ob Sie tatsächlich warten – oder etwas Sinnvolleres tun. Es ist ja Ihre Zeit. Schlauer allerdings wäre, die Sache in die Hand zu nehmen und die Frau einfach anzusprechen. Worauf warten Sie eigentlich noch?

Finden Sie also Ihre aktuellen, Ihre neuen hundert Prozent – und machen Sie sich an die Verwirklichung Ihrer Ziele! Hauptsache, Sie leben im Jetzt. Und schauen nach vorn.

Und sollten Sie eines Tages feststellen, dass die hundert Prozent nicht mehr aktuell sind und vielleicht doch inzwischen mehr geht – umso besser! Sie können die hundert Prozent jederzeit neu festlegen. Es sind ja Ihre ganz persönlichen hundert Prozent – und nicht die irgendeines Durchschnittsmenschen. Sie allein kennen all Ihre Fähigkeiten. Und Sie können Ihre Fähigkeiten und Möglichkeiten besser einschätzen als jeder andere. Also: Auf geht's! Nehmen Sie Ihr Leben in die Hand!

Und noch ein Tipp zum Schluss:

Erleichtern Sie sich den Weg zum Ziel mit einem Erfolgs-Tagebuch. Das Tagebuch-Schreiben habe ich bereits oben angesprochen *(Kap. 1.1.7: Nadja Simmersdorf wechselt die Blickrichtung)*. Sie können dies allerdings noch gezielter einsetzen: Besorgen Sie sich ein schönes Heft oder Buch. Legen Sie es an einen Ort, an dem Sie es nicht übersehen. Nehmen Sie es jeden Tag zur selben Zeit zur Hand. Zum Beispiel, bevor Sie schlafen gehen. Besinnen Sie sich auf Ihren Tag und überlegen Sie, welche Erfolge Sie erzielt haben. Das müssen keine Riesenschritte sein. Jeder kleine Trippelschritt bringt Sie voran – solange nur die Richtung stimmt. Vielleicht hat der Physiotherapeut Sie gelobt. Möglicherweise haben Sie eine Erledigung gemacht, die Sie in der letzten Woche noch nicht allein geschafft haben. Oder Sie hatten eine Idee, wie Sie sich den Alltag erleichtern können. Oder Sie hatten ein aufbauendes Gespräch mit einem Freund. Was auch immer. Schreiben Sie jeden noch so kleinen Erfolg auf. Tun Sie das jeden Tag. Sie werden sehen, nach ein paar Wochen werden Sie sich jedes Mal freuen, wenn Sie das Buch öffnen. So viele Erfolge! Wenn das nicht motiviert!

# Kapitel II: Loslassen

*"Was wäre das Leben,
hätten wir nicht den Mut, etwas zu riskieren."*

Vincent van Gogh (1853-1890)[25]

In einem Kalender fiel mir letztens ein Spruch auf: "Es ist gut, etwas hinter sich zu lassen – beinhaltet es doch, etwas Neues vor sich zu haben!"[26]

Wie wahr! Etwas hinter sich zu lassen, etwas abzuschließen, ist zwar immer ein Abschied. Ein Abschied bedeutet aber gleichzeitig, dass Sie nun ein neues Ziel vor sich haben. Und um Ziele geht es ja in diesem Buch. Und – nicht zu vergessen! – um Inventur. Eine Inventur hat ebenfalls mit Loslassen zu tun: Sie stellen fest, was fehlt – und nehmen Abschied davon. Sie lassen es hinter sich. Sie zählen aber auch zusammen, was noch da ist – und schauen, was sich in Zukunft daraus machen lässt. Sie legen Ihre "neuen hundert Prozent" fest. Erst nach der Inventur können Sie entscheiden, was für Ihr weiteres Leben wichtig ist und was nicht. Und wie Sie dieses Leben ab sofort gestalten möchten.

---

[25] Niederländischer Maler des Post-Impressionismus.
[26] Von Birte Nilsson (Musiklehrerin und Verfasserin von Gedichten).

Nicht loslassen zu können ist demnach ein "Erfolgsverhinderer". Festhalten (das Gegenteil von Loslassen) hat immer auch mit Angst zu tun: Angst vor Neuem, Angst vor Verschlechterung, Angst vor Verlust, Angst vor der Meinung und dem Urteil anderer Menschen und vieles mehr.

Von einer anderen Warte aus betrachtet ist Loslassen eigentlich ein ganz simpler und alltäglicher Prozess. Wenn wir einmal genauer hinsehen, erkennen wir, dass wir im täglichen Leben durchaus des Öfteren loslassen. Heute war es möglicherweise nur ein altes T-Shirt, das Sie weggeworfen haben. Letzte Woche haben Sie vielleicht ein Zeitungs-Abo gekündigt, da Sie das Blatt schon seit Langem kaum noch gelesen haben. Manchmal kostet es etwas mehr Überwindung, eine solche Entscheidung zu treffen, manchmal geht es ganz leicht. Sie können diese kleinen Trennungen des Alltags als "Loslass-Training" betrachten. Und Sie können gezielt beobachten, dass es fast nie negative Folgen hat. Und daraus können Sie Sicherheit gewinnen für weitere Schritte. Insofern können Sie das Loslassen trainieren – wie einen Muskel.

Machen Sie sich bewusst, wann und wo Sie bereits überall losgelassen haben. Dann werden Sie möglicherweise feststellen, dass dieses Loslassen sogar gut getan hat!

Ich schlage Ihnen in diesem Zusammenhang vor, eine weitere Liste anzufertigen. Eine Liste mit wiederum zehn Dingen, die Sie in letzter Zeit bereits losgelassen haben. Egal, ob es sich um ein Buch, ein altes Motorrad oder um eine Beziehung handelt.

Natürlich macht es einen großen Unterschied, ob Sie sich nur von einer Sache trennen – oder eben von einer Lebensentscheidung. Oder gar von einem Partner. Es kann zwar sein, dass sich jemand erstaunlich leicht von seiner Freundin trennen kann. Aber der Verlust seines alten Füllfederhalters aus Schulzeiten hängt ihm noch lange nach. Das heißt aber nicht, dass ihm der Füller mehr wert gewesen sein muss als die Freundin. Vielleicht war der Entschluss zur Trennung von der Freundin schon lange vorher gereift. Den Füller aber wollte er eigentlich noch behalten. Dass er ihn wegwarf, war einfach ein Versehen. Und somit nicht gewollt. Wie dem auch sei: Wir alle erleben jeden Tag Situationen, in denen es um Trennung geht. Um das Loslassen von irgendetwas oder irgendjemandem. Es spielt keine Rolle, wie groß diese Dinge oder Personen oder auch Gefühle sind, die Sie loslassen. Vielmehr ist es wichtig, dass Sie sich darüber bewusst werden, dass Sie das tatsächlich täglich tun. Und dass es einiges leichter macht.

## 2.1 Jens Fuchs steckt in einer Sackgasse

Jens Fuchs hatte vor einigen Jahren einen schweren Verkehrsunfall. Er war wieder ganz gut genesen, nur sein linker Arm blieb gelähmt. Der junge Mann hatte eigentlich eine Ausbildung zum KFZ-Mechatroniker machen wollen. Das war sein Traumberuf. Damit war es nun vorbei. Also habe ich ihn (als sein Reha-Manager) bei der Ausbildungsplatzsuche unterstützt und ihm schlussendlich eine Stelle im Versicherungsbereich vermitteln können. Er beteuerte wiederholt und glaubhaft, dass ihm dieser Job Spaß mache. Bis er nach ein paar Monaten plötzlich unvermittelt und kurz vor Ende der Probezeit kündigte. Er sagte, er wolle sich nun doch im KFZ-Bereich einen Job suchen. Es hatte wenig Sinn, ihm zu erklären, dass das unrealistisch war. Er hatte den alten Traum einfach noch nicht losgelassen. Und somit konnte er sich auch nicht wirklich mit etwas Neuem anfreunden.

## 2.2 Familie Kießling macht eine Kehrtwende

Ein junger Mann, den ich begleitete, hatte ein schweres Schädel-Hirn-Trauma erlitten. Eigentlich hatte er Biologie studieren wollen, und die Eltern hatten vorgehabt, zeitnah nach Florida auszuwandern. Doch dann geschah dieser Unfall. Der Betroffene konnte nichts mehr alleine tun. Die Eltern haben spontan ein neues Haus gekauft und sich entschieden, mit ihrem Sohn darin zusammen zu wohnen und auch die Pflege zu übernehmen. Somit war der Traum von Florida ausgeträumt. Dies war eine sehr spontane Entscheidung. Und sie konnte nur deshalb so geschehen, weil die Familie sehr schnell ihre alten Pläne und Ideen loslassen konnte und somit offen für neue Herausforderungen war.

Andere machen es sich (und ihren Beratern) da schwerer. Sie kommen immer wieder auf das zu sprechen, was nun nicht mehr geht. Das, was sie eigentlich hatten tun wollen. Das, was ihnen nun verwehrt bleibt. Es wird wie ein Mantra[27] immer wieder wiederholt. Sie bestätigen sich selbst also immer wieder als hilfloses, den widrigen Umständen ausgeliefertes Opfer. So können sie natürlich nicht ins Handeln kommen und etwas ändern. Sie müssen zuerst ihre Opferrolle loslassen – und auch ihre alten Ideen und Träume. Es ist Zeit für eine Inventur *(siehe Kap. 1: Inventur ist gleich Struktur).* Und für eine Werteliste *(siehe Kap. 1.1: Werte – Die Richtungsweiser in Ihrem Leben).*

---

[27] (Mantra: Sanskrit = Spruch, Lied, Hymne); Mantras (auch: Mantren) sind in Meditationen oder Gebeten ständig wiederholte Silben (in gesungener, gesprochener, geflüsterter oder auch geschriebener Form). Sie kommen im Hinduismus, im Buddhismus und auch beim Yoga vor. In der Regel handelt es sich um (buddhistische bzw. hinduistische) Merksprüche oder Kernaussagen.

Ich möchte betonen, dass ich hier nicht von Suchtverhalten rede! Hier muss eine Grenze gezogen werden, auch wenn diese Grenze an manchen Stellen schwammig bleiben wird. Natürlich redet sich auch der Raucher, Alkoholkranke, Drogenabhängige ein, er könne das jeweilige Suchtmittel nicht loslassen. Aber hier liegt in der Regel auch eine körperliche Abhängigkeit vor. Das ist etwas anderes und kann relativ klar abgegrenzt werden. Durchlässig wird die Grenze etwa bei Arbeits-Sucht. Hier kann einerseits eine tatsächliche Sucht vorliegen, die sogar biochemisch nachweisbar ist. Aber das Suchtverhalten kann andererseits auch darauf basieren, dass der Betroffene verzweifelt nach Anerkennung sucht. Er meint, je mehr er leistet bzw. sich hingibt, desto mehr Anerkennung könne er bekommen. Hier liegt eine falsche Prägung vor, die im Zweifel in der Kindheit entstanden ist. Diese Menschen werden von hinderlichen Glaubens-Sätzen geleitet, zum Beispiel: "Ich bin nur etwas wert, wenn ich etwas leiste." Und auch hier lohnt sich eine Inventur und eine Werteliste *(siehe Kap 1: Inventur ist gleich Struktur und Kap. 1.1: Werte – Die Richtungsweiser in Ihrem Leben)*!

Oft heißt es, Loslassen falle so schwer. Es sei ein langer Prozess, der von Rückfällen begleitet sei. Es sei mitunter schmerzhaft. Doch ich bitte Sie, diese Glaubens-Sätze in Zweifel zu stellen! Sie können sie sich einreden – oder eben nicht. Genauso gut können Sie sich das Gegenteil einreden.

Und sich somit in Ihrem Denken positiv ausrichten. Spricht irgendetwas dagegen? Ich habe diese Frage einem Freund gestellt. Er antwortete spontan: "Naja, aber, wenn es dann nicht stimmt? Dann ist man doch enttäuscht!"

Wirklich? Möglicherweise ist man enttäuscht, wenn es nicht ganz so leicht geht, wie man sich das als Ideal vorgestellt hat. Aber ist es deswegen wirklich besser, dauerhaft pessimistisch und frustriert zu sein? Sozusagen sicherheitshalber? Um sich ein kleines bisschen Enttäuschung zu ersparen? Wohl kaum.

Der Hamburger Liedermacher Stefan Gwildis hat das Thema "Loslassen" in einem seiner Lieder auf den Punkt gebracht:

*"Alles halb so schwer – ohne Gegenwehr – und wer loslässt, hat die Hände frei – der hat beide Hände frei ..."*[28]

In Beratungsgesprächen frage ich die Leute oft, ob sie schon einmal losgelassen haben. Kaum jemand beantwortet dies mit "Nein". Zumindest nicht nach ein wenig Nachdenken. Aber richtig interessant wird es, wenn ich nachfrage, wie sie das gemacht haben, das Loslassen. Die meisten können es gar nicht erklären. Sie haben es einfach getan. Weil es gerade

---

[28] http://www.songtextemania.com/wer_los_lasst_-_hat_die_hande_frei_songtext_stefan_gwildis.html

nötig war. Und in dem Moment, in dem sie erkannt hatten, dass es an der Zeit war, war es dann auch leicht. Manche finden sogar richtig Gefallen daran, auszumisten, und tun dies gründlich und umfassend. Ballast abwerfen erleichtert. Einen selbst und das Leben.

**2.3 Marianne Mertens schweigt**

Ich saß mit Frau Mertens und einem Arzt bei einem sogenannten medizinischen Reha-Planungsgespräch. Im Gespräch vorher hat Frau Mertens wie ein Rohrspatz darüber geschimpft, was der Arzt alles falsch gemacht habe und was sonst alles nicht richtig laufe. Ganz besonders aber regte sie sich über den Arzt und über die Ärzteschaft im Allgemeinen auf. Sie wolle sie, so zeterte sie, allesamt verklagen! Ihre Rechtsanwältin hatte sie zwar darüber aufgeklärt, dass sie da keine Chancen haben werde. Daraufhin wollte sie sogar noch ihre Anwältin verklagen.

Nun also saß sie in diesem Planungsgespräch. Und was geschah? Nichts! Der Frau kam nicht ein einziges Wort der Kritik über die Lippen! Sie hatte offensichtlich einen Heidenrespekt vor diesem Arzt und traute sich nicht, gegen ihn "anzutreten". Erst in dessen Abwesenheit konnte sie ihre ganze Wut und Verzweiflung herauslassen.

Hier lagen also gleich drei Dinge im Argen: Erstens hatte die Frau den Glaubens-Satz, dass gegen einen Arzt sowieso nicht anzukommen ist. Stichwort "Halbgott in Weiß". Zweitens erlag sie der Gewohnheit der Bequemlichkeit: Nichts zu sagen macht schlichtweg keinen Ärger. Es ist bequemer zu schweigen (vor allem, wenn man einen Reha-Manager an seiner Seite hat, der die problematischen Dinge vielleicht für einen erledigt ...). Seine Meinung zu sagen und sie möglicherweise gegen andere verteidigen zu müssen, kann dagegen anstrengend werden. Und drittens konzentrierte sie sich allein auf die negativen Dinge. Das war weder der Heilung zuträglich noch ihrer Lebensfreude. Und es brachte sie keinen einzigen Schritt weiter.

Umgekehrt ist es aber auch so, dass nicht nur die Betroffenen ihren Glaubens-Sätzen erliegen. Auch die Versicherungs-Mitarbeiter können oft nicht loslassen. Zum Beispiel den Glaubens-Satz, dass die Anspruchsteller alle nur ihr Geld wollen. Tatsache ist allerdings, dass dies bei den meisten Klienten gar nicht zutrifft. Die meisten wollen einfach nur sachgerecht entschädigt und vor allem gesund werden!

Bei den Klienten hingegen ist der Glaubens-Satz verbreitet, dass die Versicherungen ja so oder so nicht bezahlen werden. Dass man zumindest um sein Recht kämpfen müsse. Dass es also mühsam werden wird und vielleicht auch noch teuer, zu seinem Recht zu kommen.

Hier bestätigen und bestärken die Glaubens-Sätze aller Beteiligten sich sozusagen gegenseitig. Und hier stellt sich wieder einmal die zentrale Frage, wie man Glaubens-Sätze (und somit Gewohnheiten, die nicht zum Ziel führen) loslassen kann. Denn dann würde der Weg frei, um neue Ziele zu erarbeiten und anzugehen. Und veraltete Ziele (auch Lebensziele) loszulassen.

Letztlich muss irgendwann eine Entscheidung getroffen und die Sache in Angriff genommen werden. Wenn man erst einmal begonnen hat, fällt das Loslassen schon nicht mehr so schwer. Vielleicht kann man ja einfach mal einen ersten, kleinen Schritt wagen. Am besten sofort. Wie gesagt: Loslassen ist eine bewusste Entscheidung! Wenn Sie sich in einer neuen Situation wiederfinden, bleiben Sie nicht an alten Dingen hängen. Verharren Sie nicht in alten Positionen! Denn dann werden Sie genau die Ergebnisse erhalten, die Sie auch bisher erlangt haben. Und die passen nicht mehr zur neuen Realität. Sie sind also sinnlos.

Auch im sogenannten "Reha-Planungsgespräch" kommt dies zum Tragen. Hier soll das Reha-Ziel gemeinsam festgelegt werden. Doch in der Wirklichkeit wird selten gefragt, ob das angestrebte Ziel auch wirklich das Reha-Ziel des Betroffenen ist. Allzu oft denken die Betroffenen: "Der Arzt wird schon wissen, wann und wie ich wieder gesund werde." Fast immer wird von einer Verwaltung bestimmt, wie sich das Leben des Betroffenen fortan gestaltet. Gerade hier sollte aber doch die Frage erlaubt sein, ob das, was da gerade bestimmt wird, dem Betroffenen (um den es ja hier schließlich geht!) wirklich nutzt. Und ob er es überhaupt will. Die meisten trauen sich nicht, diesen vermeintlichen Experten zu widersprechen. Und vergessen darüber vollkommen, dass sie selbst zuallererst die Experten für ihr Leben, ihren Körper und ihre Gesundheit sind.

Das Gebot der Stunde lautet hier also: Vergessen Sie Ihre alten Glaubens-Sätze über Halbgötter in Weiß, die Allmacht der Experten und all das. Lassen Sie sie einfach los. Stattdessen empfehlen sich Glaubens-Sätze wie der, dass Sie allein für Ihr Leben verantwortlich sind. Und deswegen auch darüber bestimmen sollten. Weil Sie Ihr eigener Experte sind. Wer auch sonst? Und dann formulieren Sie, wie Sie sich Ihre Genesung vorstellen. Und verhandeln Sie! Es geht schließlich um nichts Geringeres als um Ihre Gesundheit und ein gutes Leben. Ihr Leben – nicht das der Leute, denen Sie gegenübersitzen.

Zusammengefasst bedeutet das folgendes:

Werden Sie sich über Ihre aktuelle Situation klar. Machen Sie Inventur. Erkennen Sie ihre neuen hundert Prozent. Dann können Sie ein Ziel festlegen. Bleiben Sie dabei realistisch, aber trauen Sie sich durchaus etwas zu! Und nun überlegen

Sie, was Sie dazu brauchen. Welche Hilfen Ihnen etwas nutzen und welche nicht. Wie Sie sich Ihre Genesung vorstellen. Wenn Sie dies getan haben, können Sie viel selbst-bewusster in eine Verhandlung gehen und viel nachdrücklicher für Ihre Interessen einstehen. Viel Erfolg dabei!

# Kapitel III: Reha – und andere Ziele

*"Wohin wir auch blicken,
überall entwickeln sich die Chancen aus den Problemen."*

John Davison Rockefeller (1839-1937)[29]

In diesem Kapitel geht es darum, wie Sie für sich sinnvolle Ziele finden können. Nicht nur, was Ihre Gesundheit und Ihre Therapien betrifft, sondern insgesamt für Ihr Leben. Es ist Zeit, sich zu überlegen, was Sie erreichen möchten. Trotz Ihrer Erkrankung – oder gerade deswegen!

Zur Zielfindung gehört unter anderem, dass Sie sich nicht unter Druck setzen. Es macht zwar Sinn, ein Ziel zu wählen, das Sie herausfordert. Aber eben nicht überfordert. Klar, zum Erreichen jedes Zieles brauchen Sie natürlich auch Disziplin. Und das klingt erst einmal nach Stress, denn der Begriff "Disziplin" hat für viele einen negativen Anstrich. Ich setze eine positive Auslegung dagegen. Und ich stelle Ihnen einen Mann vor, der sich erstaunliche Ziele gesteckt und sie auch erreicht hat. Dies alles finden Sie in Kapitel 3.1 *(Entspannung)*.

---

[29] US-amerikanischer Unternehmer, Ölmagnat, Milliardär.

Kapitel 3.2 *(Ziele und Ziel-Konflikte)* kommt noch einmal auf Ihre Werte zurück. Diese Werte und Grundeinstellungen sind das Fundament Ihrer Ziele. Sie bestimmen, was Sie erreichen können und wollen. Und wie Sie es angehen. Vielleicht haben Sie ein Ziel ganz klar vor Augen. Das heißt aber noch lange nicht, dass Ihre Umwelt dies unterstützt. Krankenkasse oder Rentenversicherung (oder auch Ihr Partner!) können ganz andere Vorstellungen davon haben, was Sie schaffen können und sollten. Das macht die Situation nicht gerade leichter. Aber deswegen noch lange nicht hoffnungslos. Es ist dann nur Zeit, Ihre Ziele und Werte einmal gründlich zu überdenken. Und vielleicht ein wenig die Richtung zu ändern. Oder auch gerade nicht.

In Kapitel 3.3 *(Ziele formulieren – und erreichen)* wird deutlich gemacht, wie wichtig es ist, dass Sie Ihre Ziele angemessen formulieren. Je klarer das Ziel abgesteckt wird, desto eher können Sie es auch erreichen. Das ist wie bei einem Trimm-Dich-Pfad: Sie kommen am ehesten zum Ziel, wenn Sie wissen, was für eine Strecke Sie vor sich haben. Und wo sie hinführt. Und wenn Sie sich etappenweise von Station zu Station voran arbeiten. Eigentlich müssen Sie dann nur noch die richtige Richtung einschlagen – immer die Zielmarke im Blick. Dabei hilft die Methode des Visualisierens. Ebenso ist das Fokussieren eine hilfreiche Strategie. Beides stelle ich Ihnen vor. Und noch vieles mehr.

Kapitel 3.4 *(Scheitern ist gut – Dranbleiben!)* befasst sich mit einem Thema, das Sie sicher gern ausblenden würden: mit dem Scheitern. Das ist aber gar nicht nötig. Scheitern kann durchaus auch gute Seiten haben. Und manchmal hat es sogar einen "heilsamen" Einfluss. Das glauben Sie nicht? Dann lesen Sie einfach weiter.

## 3.1 Entspannung

*"Das Leben besteht zu 10 Prozent aus Ereignissen und zu 90 Prozent daraus, wie Du darauf reagierst."*

Louis Leo Holtz (*1937)[30]

Wie schon erwähnt, geht es beim Erreichen von Zielen nicht ohne Disziplin. Und je größer das Ziel, desto mehr Disziplin wird möglicherweise benötigt. Das klingt erst einmal abschreckend und – nach purem Stress. Denken Sie nur an die vielen Ziele, die Sie oder Ihre Freunde und Bekannten sich zu Silvester setzen! Mit dem Rauchen aufhören, das Haus renovieren, regelmäßig Sport machen, Abnehmen ...

Diäten sind ein wunderbares Beispiel dafür, wie Menschen sich mit ihren Zielen unter Druck setzen. Nicht umsonst stei-

---

[30] Amerikanischer Footballtrainer.

gen zu Beginn eines jeden Jahres die Anmeldezahlen in den Fitness-Studios. Interessanterweise fallen die Mitgliederzahlen ab April bereits wieder auf den alten Stand zurück. Das ist ein klares Zeichen dafür, dass die Leute sich mit ihren Zielen zu viel Stress bereiten. Sie wollen möglichst schnell möglichst schlank werden und legen voller Elan los. Ziemlich bald aber stellen sie fest, dass es so schnell eben doch nicht geht. Oder sie erleiden sogar Rückschläge. Und dann geben sie frustriert auf und verfallen wieder in den alten Trott. Somit haben sie nichts gewonnen, außer der Erkenntnis: Ich schaffe es nicht. Wie frustrierend!

Es gibt aber auch genug Leute, die sehr erfolgreich und mit lang anhaltender Wirkung abnehmen. Was machen diese Menschen bloß anders? Wenn man mal nachfragt, stellt man fest, dass diese Menschen die Sache strukturierter angehen. Sie informieren sich gründlich über gesunde Ernährung, geeignete Sportarten, verschiedene Diät-Arten. Dann überlegen sie sich, wie viel sie abnehmen möchten. Und bevor sie beginnen, machen sie sich einen Plan, bis wann sie welches Gewicht erreicht haben möchten. Dabei berücksichtigen sie die äußeren Umstände, etwa die Weihnachtszeit, Stressphasen im Beruf, eine Krankheitspause und so weiter. Sie stellen sich außerdem genau vor, wie es sein wird, wenn sie schlank sind. Und was sie dann alles tun können. Und erst dann fangen sie an, den Plan zu verwirklichen. Schritt für Schritt, und das Ziel fest vor Augen.

Viele erfolgreiche Menschen (also Menschen, die ihre Ziele erreichen) nutzen Entspannungstechniken. Steve Jobs beispielsweise, der Gründer von Apple, nutzte die Zen-Meditation[31], die dem Buddhismus entstammt. Er tat dies, weil er wusste, dass sich mit Meditationstechniken Stress mindern und die Konzentrationsfähigkeit erhöhen lässt. Und dass die geistige und körperliche Gesundheit gesteigert wird. All dies hilft dabei, wichtige Entscheidungen zu treffen. Und Ziele zu erreichen.

Ein weiteres Beispiel ist Boris Guentel, von dem hier noch des Öfteren die Rede sein wird. Er wurde bereits in Kapitel 1.5 *(Neue hundert Prozent – jetzt!)* vorgestellt. Boris Guentel ist im August 2015 mit einem Rollstuhl-Bike von Cloppenburg (im Oldenburger Münsterland) nach Kappeln an der Schlei (in Schleswig-Holstein) gefahren. Das sind über 300 Kilometer. Und er hat sie in weniger als zehn Stunden bewältigt. Als (inkompletter) Tetraplegiker[32], dem die Kasse lediglich einen elektrischen Rollstuhl zubilligen wollte. Und dem die Ärzte viele Jahre zuvor prophezeit hatten, dass er das

---

[31] Der Zen-Buddhismus ist eine Form des Buddhismus, die etwa ab 400 n. Chr. in China entstanden ist. Es geht um das Erreichen eines meditativen Versenkungszustands.

[32] "Tetraplegie" ist eine Form der Querschnittslähmung, bei der alle vier Gliedmaßen betroffen sind (griech: "tetra" = "vier"; "plégé" = Schlag/Lähmung). Bei einer Tetraplegie verbleibt ein Rest an motorischer und sensorischer Kontrolle. Näheres siehe beispielsweise unter: https://de.wikipedia.org/wiki/Tetraplegie.

nächste Weihnachtsfest nicht mehr erleben würde.[33] Boris Guentel hat sich inzwischen neue Ziele gesteckt. Sein nächstes Ziel mit dem Liege-Bike, diesmal mit einem speziell für ihn hergestellten Renn-Modell, ist eine Strecke von 1.000 Kilometern. Das wäre ein Weltrekord. Er wird im August 2016 starten.[34] Im Rahmen der Interviews zum *Auf geht's – Der Reha-Podcast* sagte Boris Guentel:

*"Es ist so ziemlich alles möglich – auch für Menschen mit Behinderung. Man muss nur seine Grenzen immer wieder ein Stück weiter nach vorne verschieben."*[35]

Das bedeutet nichts anderes, als dass Ziele sich erreichen lassen. Auch Ihre Ziele! Und wenn Sie sie erreicht haben, legen Sie neue Ziele fest. Und somit erweitern Sie Ihre Grenzen Stück für Stück. Sie schaffen sich Freiraum und zugleich Bestätigung.

Natürlich haben auch die erfolgreichsten Menschen Phasen, in denen sie nicht weiter wissen oder vollkommen erschöpft

---

[33] Jörg Dommershausen: Auf geht's – der Reha-Podcast! Folge 95 – Tiefpunkte überwinden; Folge 96 – Persönliche Siege.
[34] Jörg Dommershausen: Auf geht's – der Reha-Podcast! Folge 97 – Phänomenale Zeit.
[35] Boris Guentel im Rahmen der Interviews zu den Auf geht's – der Reha-Podcast-Sendungen; siehe Fußnote 22.

sind. Doch sie haben gelernt, wie sie damit umgehen können. Boris Guentel zum Beispiel saß auf seiner Fahrt im August 2015 nass geschwitzt und zugleich durchgefroren auf einer Fähre. Er war vollkommen ausgepowert. Doch dann hat er eine Entspannungstechnik eingesetzt, um sich wieder auf sein Ziel auszurichten. Innerhalb weniger Minuten hat er es geschafft, "seine Batterien aufzuladen".

Es ist also hoch interessant zu erfahren, welche Techniken Menschen anwenden, um sich zu entspannen. Und um sich wieder auf ihr Ziel auszurichten. Das kann mit relativ einfach durchzuführenden Meditationstechniken beginnen. Etwa einige Minuten in eine Kerze zu schauen und zu versuchen, nichts zu denken. Und es geht bis hin zu körperlich herausfordernden Verfahren, wie zum Beispiel verschiedene Yogatechniken[36]. Bestimmt haben Sie auch schon von der "Progressiven Muskelentspannung" nach Jacobson[37] gehört. Die Methode zielt darauf ab, durch bewusstes Anspannen bestimmter Muskelgruppen die darauf folgende Ent-Spannung ebenso bewusst zu spüren. Somit lässt sich Entspannung ge-

---

[36] "Yoga" (auch: "Joga") ist eine indische Lehre. Ziel ist das "Einswerden mit dem Bewusstsein".

[37] Bei der "Progressiven Muskelentspannung" nach Edmund Jacobson kann durch ein Anspannen und anschließend bewusstes Entspannen bestimmter Muskelgruppen ein insgesamt geringerer Muskeltonus erreicht werden.

zielt herbeiführen. "Autogenes Training"[38] hingegen arbeitet mit Suggestion, also mit der Kraft Ihrer Vorstellungen. Sie lernen zum Beispiel, per Gedankenfluss und Phantasie Wärme von Ihrer Körpermitte in Ihre Beine zu transportieren. Dadurch wird Ihnen Ihr Körper bewusster und Sie gewinnen ein stabileres Selbst-Bewusstsein. Die "Feldenkrais-Methode"[39] wiederum geht davon aus, dass bestimmte Bewegungsabläufe Emotionen auslösen und steuern können. Dadurch kann auch die geistige und körperliche Beweglichkeit günstig beeinflusst werden. Vielleicht haben Sie auch die Hypnose-Show von Jan Becker gesehen. Er hat viele Bücher geschrieben. Eines davon verrät Techniken, wie man sich selbst per Selbsthypnose immer wieder auf ein Ziel fokussieren kann.[40] Auch einige Methoden aus der Traditionellen Chinesischen Medizin (TCM), etwa Qigong[41] oder Tai Chi[42], zielen darauf

---

[38] "Autogenes Training" ist ein Entspannungsverfahren, das aus der Hypnosetechnik stammt. Hier wird durch Autosuggestion – also durch Selbstbeeinflussung – Entspannung erlangt.

[39] Die "Feldenkrais-Methode" ist ein pädagogisches Verfahren. Es wird hier davon ausgegangen, dass bestimmte Bewegungsabläufe die kognitiven, geistigen und auch körperlichen Fähigkeiten steigern können.

[40] Jan Becker: Du kannst schaffen, was du willst – Die Kunst der Selbsthypnose. Piper Verlag, München 2015.

[41] "Qigong" oder "Chigong" (o. Ä.) sind nur verschiedene Schreibweisen für dieselbe Methode. Es handelt sich um eine chinesische Meditations-, Konzentrations- und Bewegungsform. Sie beinhaltet auch Kampfkunst-Übungen. Atem-, Bewegungs-, Konzentrations- und Meditationsübungen sollen der Harmonisierung von Körper und Geist dienen.

ab, Energieblockaden zu lösen und die Lebensenergie fließen zu lassen. Somit werden Organismus und Seele gleichermaßen in einen optimalen Zustand gebracht.

Und natürlich gibt es noch unzählige weitere Verfahren. Wichtig ist allein, dass Sie eine Methode finden, die Ihnen entspricht – und die Ihnen Spaß macht.

Entspannung ist eine grundlegende Voraussetzung für Erfolg. Wir alle kennen Menschen, die lässig und scheinbar mühelos an große Herausforderungen herantreten. Und sie ebenso locker bewältigen. Denken Sie allein an die vielen Spitzensportler, führenden Politiker oder Bühnenkünstler. Vielleicht aber auch an Ihren Kollegen im Büro. Oder den Torwart Ihres Fußball-Clubs. Aber wir kennen auch Menschen, die bei jeder kleinen Hürde ungeduldig, vielleicht sogar wütend werden oder frustriert vor sich hin nörgeln. Letztere sind nicht gerade ein Vorbild.

Schaut man den Erfolgreichen einmal unauffällig über die Schulter, so zeigt sich ein Muster, nach dem sie vorgehen: Sie suchen sich zu allererst ein Ziel, das sie erreichen möch-

---

[42] "Tai Chi" oder "Taiji" (o. Ä.) sind nur verschiedene Schreibweisen für dieselbe Methode. Tai Chi wird als die höchste (chinesische) "innere Kampfkunst" angesehen, die u. a. den Körper stärkt und den Geist reinigt.

ten. Das kann ein weit gefasstes Ziel sein. Oder sogar eines, das auf den ersten Blick unerreichbar erscheint. Zumindest aber die Richtung ist klar. Und es gibt eine zumindest geringe Chance, dass die Zielmarke überschritten werden kann. Dazu stellen diese Erfolgreichen sich ihr Ziel genau vor: Sie malen sich aus, wie es ihnen geht, wenn sie es erreicht haben. Wie sie sich fühlen werden. Und was sie dann tun werden. Wie ihr Leben dann aussehen wird. Und sie erfreuen sich an diesen positiven Gefühlen. Denn dann ist es viel leichter, sich genau dorthin auf den Weg zu machen. Einfach anzufangen. Den ersten Schritt zu gehen.

Wenn Sie Ihr eigenes Ziel fest vor Augen haben, es sehen, spüren, vielleicht riechen können, dann geht es sich leichter dorthin. Hürden erscheinen nicht mehr ganz so groß. Und Sie haben mehr Motivation, sie zu überwinden anstatt umzukehren. Sie haben automatisch auch mehr Disziplin. Und schon klingt das Wort "Disziplin" nicht mehr ganz so beunruhigend. Denn plötzlich ist Disziplin ein willkommenes Hilfsmittel, um zum Ziel zu kommen. Sie dient Ihnen als Halteseil in unebenem Gelände. Und als Leitplanke, wenn Sie ins Schlingern geraten. Mehr Disziplin bedeutet auch, dass Sie mehr erreichen können. Und nicht zuletzt macht es glücklich und stolz, wenn Sie Disziplin wahren.

## 3.2 Ziele und Ziel-Konflikte

*"Mach nur einmal das,
von dem andere sagen, dass du es nicht schaffst,
und Du wirst nie wieder auf deren Grenzen achten müssen."*

James Cook (1728-1779)[43]

Bereits mehrfach ging es hier um Ihre Werte. Sie sind die Grundlage Ihres gesamten Wollens und Handelns. Sie leiten Sie auch beim Finden Ihres Zieles. Es kann allerdings geschehen, dass Ihre Werte (und somit Ihre Ziele) von dem abweichen, was andere sagen. Das ist erst einmal kein Problem. Solange Sie nicht auf diese Personen angewiesen sind.

Wenn jedoch Ihr bester Freund oder Ihr Partner nicht mit Ihren Zielen einverstanden ist, wird es schwierig. Sie müssen sich mit ihm auseinandersetzen. Und schlimmstenfalls auf seine Unterstützung verzichten.

Mindestens ebenso unangenehm ist es, wenn diejenigen, die über Ihre medizinische Versorgung oder Ihre Hilfsmittel entscheiden, Ihre Werte und Ziele nicht teilen. Wenn zum Beispiel die Krankenkasse eine Behandlung nicht zahlen möchte,

---

[43] Englischer Seefahrer und Entdecker.

die Sie für sich als notwendig erachten. Oder wenn die Berufsgenossenschaft Sie zu einer Maßnahme verpflichten will, um Sie in Ihren Beruf wieder einzugliedern. Möglicherweise haben Sie selbst schon eine ganz andere Entscheidung getroffen. Oder Sie finden die Maßnahme gut, können aber nicht daran teilnehmen, weil Ihr körperlicher und/oder seelischer Zustand es einfach noch nicht zulässt. In solchen Fällen geraten Sie in einen Zielkonflikt. Ihre Ziele kollidieren dann mit den Zielen anderer.

Die Paragraphen 60 bis 64 des Ersten Sozialgesetzbuches (§§ 60-64 SGB I)[44] regeln ausführlich, wie Sie den Bestimmungen der Entscheidungsträger Folge zu leisten haben. Deshalb ist Paragraph 65 (SGB I)[45] für Sie von besonderer Bedeutung: Er zeigt Ihnen an, wann und unter welchen Bedingungen Sie solchen Maßnahmen widersprechen dürfen. Grundsätzlich aber gilt: Lassen Sie sich von Paragraphen und anderen Regelungen nicht von Ihren Zielen abbringen. Kämpfen Sie für Ihre Ziele! Umso wichtiger ist es dann, dass Sie sich Ihrer Werte und Ziele sicher sind.

---

[44] § 60 SGB I – z. B. Meldepflicht der Hilfebedürftigkeit; § 61 SGB I – Persönliches Erscheinen bei Antragstellung; § 62 SGB I – Verpflichtung zu Untersuchungen, die die Hilfebedürftigkeit feststellen; § 63 SGB I – Verpflichtung, sich der verschriebenen Heilbehandlung zu unterziehen; § 64 SGB I – Pflicht zur Teilnahme an Leistungen zur Teilhabe am Arbeitsleben.

[45] § 65 SGB I – Grenzen der Mitwirkung.

Boris Guentel (s. o.), den Sie bisher als einen Gewinner kennengelernt haben, ging es ebenso. Auch ihm wurden Steine in den Weg gelegt. So wollte die Krankenkasse ihm einen elektrischen Rollstuhl stellen. Für die meisten Menschen in seiner Lage wäre dies eine gute Sache. Er aber hatte stattdessen ein Rollstuhl-Bike beantragt. Als langjähriger und begeisterter Sportler war ihm die Bewegung wichtig. Er musste lange dafür kämpfen, dass er zu seinem Gefährt kam. Doch der Erfolg gibt ihm Recht: Mit seinem Fahrgerät hat er inzwischen durch das tägliche Training einen sehr hohen Gesundheitszustand erreicht. Davon hätte er nur träumen können, wenn er die ganze Zeit bewegungslos in einem E-Rollstuhl gesessen hätte.

Für Sie bedeutet das: Gewinner zu sein heißt nicht, dass Ihnen alles zufällt. Gewinnen bedeutet nicht, dass Sie einfach viel Glück haben. Sondern, dass Sie wissen, was Sie wollen – und sich dafür einsetzen. Das ist dann Glück: wenn Sie Erfolg haben – weil Sie ihn sich verdient haben.

Doch Sie werden nicht immer Erfolg haben. Rückschläge können jederzeit und unerwartet eintreten. Möglicherweise werden Sie von der Sozialversicherung (per § 63/64 SGB I) zu einer Maßnahme verpflichtet, die die Sozialversicherungs-Leute und der zugeschaltete Vertragsarzt für absolut notwendig halten. Nun können Sie natürlich verzweifeln. Sie können das Ganze auch zum Anlass nehmen, zu überlegen, warum Sie ihr Ziel nicht haben durchsetzen können. Passt es vielleicht doch nicht so gut zu Ihnen, wie Sie bisher dachten? Oder stehen Sie nicht voll dahinter? Ist es nicht klar formuliert und deshalb nicht greifbar? Das könnte eine Erklärung sein, warum Sie es nicht erfolgreich haben vertreten können.

Seien Sie also zuerst einmal ehrlich zu sich selbst. Überprüfen Sie Ihre Ziele auf Aktualität und Tauglichkeit. Und dann sondieren Sie die neue Lage. Und suchen sich entweder ein neues Ziel – oder versuchen einen neuen Anlauf, um das bisherige Ziel zu verteidigen.

Generell gilt: Diejenigen, die für Sie verantwortlich sind im Sinne von Entscheidungen, dem Bewilligen von Leistungen oder dem Erbringen von Dokumenten, haben natürlich so etwas wie Entscheidungsgewalt. Aber das heißt noch lange nicht, dass diese Leute über Ihnen stehen. Es heißt genauso wenig, dass sie Ihnen Böses wollen. Es ist anzunehmen, dass es im Interesse der Sozialversicherungsträger liegt, nur solche Therapien und Maßnahmen zu verordnen, die auch ein Ergebnis bringen. Die also kein rausgeworfenes Geld bedeuten. Die meisten solcher Fehlentscheidungen entstehen schlicht durch Unkenntnis der tatsächlichen Situation. Durch mangelnde Kommunikation. Sie aber kennen alle relevanten Fakten Ihres eigenen Falls und bringen diese mit ins Gespräch.

Sie sind also der beste Experte für Ihren Fall überhaupt. Gehen Sie mit genau dieser Grundeinstellung zu Beratungsgesprächen und Verhandlungen. Es wird sich auszahlen.

Eine weitere Taktik kann sein, sich vorher alle Fragen zu notieren, die sich in diesem Zusammenhang stellen. So haben Sie eine Art Rede-Skript und können nicht so leicht aus dem Konzept kommen. Und es wird nichts vergessen. Wenn Sie sich dann noch vorher Ihre Werteliste ansehen und sich Ihre Ziele bewusst vor Augen rufen, dann haben Sie eine optimale Ausgangsposition. Es kann sich auch lohnen, sich eine Liste zu den wichtigsten Punkten zu machen, die Sie ansprechen möchten. Oder nehmen Sie eine Person Ihres Vertrauens mit.

Zielkonflikte entstehen nicht selten auch in Familien oder Partnerschaften. Da kann eine Menge mit hineinspielen: Angenommen, der Zustand Ihrer Partnerschaft bzw. der Zusammenhalt in Ihrer Familie ist gerade nicht der Beste. Nun haben Sie einen Unfall oder Sie erkranken schwer. Das stellt eine unsichere Beziehung zusätzlich auf die Probe. Es gibt im Grunde genau zwei Möglichkeiten: Entweder, der Zusammenhalt reißt weiter ab und Sie nehmen dies in Kauf (womöglich kommt Ihnen diese Gelegenheit gar nicht so ungelegen?). Oder aber Sie nehmen die Situation zum Anlass, um für Ihre Familie oder Beziehung zu kämpfen.

Ein Zielkonflikt kann auch darin bestehen, dass Sie einen Neuanfang wagen, dieser aber sehr viel Zeit beansprucht. Zum Beispiel, weil Sie für einen beruflichen Neustart (also eine neue Ausbildung oder eine Umschulung) viel lernen müssen. Dies müssen Ihr Partner oder Ihre Familie mittragen. Und Sie müssen ebenfalls abwägen: Steht für Sie der Wert "Familie" an erster Stelle? Oder doch das berufliche Fortkommen? Vielleicht müssen Sie Ihre Werte überdenken und Ihre Werteliste ändern? Vielleicht aber auch nicht – dann heißt es, dazu zu stehen. Und sich in Richtung Ziel vorzuarbeiten. Wenn Sie dazu Ihre Familie oder Ihren Partner ins Boot holen können, umso besser!

Dazu kann es sehr hilfreich sein, wenn auch Ihr Umfeld sich eine Werteliste erstellt. Dann kann man die verschiedenen Bedürfnisse viel besser miteinander abgleichen. Und Zielkonflikte vielleicht nicht immer vermeiden, auf jeden Fall aber vermindern. Auf jeden Fall aber gibt es Anlass zu Gesprächen. Und das ist nie verkehrt.

Auch am Arbeitsplatz können Zielkonflikte aufkommen. Egal, ob Sie am alten oder an einem neuen Arbeitsplatz sind. Natürlich werden Ihnen in den ersten Wochen die meisten mit Rücksicht und Verständnis entgegenkommen. Mit der Zeit kann das nachlassen. Der eine oder andere stellt vielleicht fest, dass er durch Ihre Einschränkungen mehr zu tun bekommt als zuvor. Oder dass Sie für das gleiche Geld weniger tun als er. Da braucht es schon ein sehr gutes Arbeitsklima, um solche Spannungen aushalten zu können. Und mit ihnen kreativ umzugehen.

Es besteht grundsätzlich die Gefahr, dass Sie zu viel Kraft für solche Konflikte verschwenden. Egal, ob in der Familie, der Beziehung oder am Arbeitsplatz. Sprechen Sie mögliche Probleme daher offensiv an, bevor sie akut werden. Es macht viel aus, wenn Sie zeigen, dass Sie sich der Probleme durchaus bewusst sind. Und dass Sie gemeinsam nach einer Lösung suchen möchten, die alle Beteiligten mit einbezieht.

Generell sollten Sie sich so früh wie möglich über Ihre Situation und Ihre Ziele Klarheit verschaffen. Und auch Ihre Möglichkeiten ausloten. Ist vielleicht sogar (z. B. mit Hilfe des Geldes einer Haftpflichtversicherung) ein Neuanfang möglich, den Sie bisher ausgeschlossen hatten, weil das Geld fehlte? Manchmal eröffnen sich durch einen Unglücksfall neue Wege, die zuvor versperrt waren. Halten Sie also die Augen offen – in alle Richtungen!

Natürlich gilt auch hier wieder: Ziele erreichen sich nicht von selbst. Sie müssen dafür etwas investieren. Doch wenn Sie es schaffen, Ihr Umfeld für sich zu gewinnen und zu beteiligen, dann wird es in jedem Falle leichter. Und wenn Sie genau wissen, wohin Sie wollen, dann fällt es auch allen anderen leichter, mit Ihnen zu gehen. Und Sie zu unterstützen. Boris Guentel, den Sie ja schon kennen, hat sich ein ideales Umfeld erschaffen. Und er hat sein Ziel erreicht.

### 3.3 Ziele formulieren – und erreichen

*"Ein Ziel ohne einen Plan ist lediglich ein Wunsch."*

Antoine de Saint Exupéry (1900-1944)[46]

Inzwischen ist klar geworden, wie wichtig es ist, dass Sie Ihre Ziele klar formulieren. Doch wie machen Sie das?

Sie haben mit Hilfe einer Werteliste bereits herausgefunden, was Ihnen wichtig ist. Sie haben sich auch schon damit auseinandergesetzt, wie weit Sie bei der Festlegung Ihrer Ziele gehen können. Das Ziel muss ja für Sie erreichbar sein. Haben Sie sich schon Gedanken darüber gemacht, wohin genau das führen soll?

Angenommen, Sie haben für sich als Ziel formuliert, Ihre rechte Hand wieder bewegen zu können und außerdem beruf-

---

[46] Antoine Marie Jean-Baptiste Roger Vicomte de Saint-Exupéry, Luftfahrt-Pionier und Schriftsteller.

lich etwas zu ändern. Fragen Sie sich jetzt einmal, wo Sie sich in fünf Jahren sehen – in Bezug auf Ihre Ziele! Haben Sie ein klares Bild? Vielleicht können Sie Ihre Hand sehen, die etwas greift. Das ist immerhin deutlich. Aber wo sehen Sie sich beruflich? "Etwas ändern" ist also keine optimale Formulierung für ein Ziel. Besser wäre: "Ich mache eine Umschulung zur Heilpraktikerin". Dann können Sie in fünf Jahren sagen: "Ich habe die Umschulung beendet und bin nun anerkannte Heilpraktikerin." Und Sie könnte sich dann gleich ein neues Ziel setzen. Zum Beispiel: "Ich eröffne eine eigene Praxis als Heilpraktikerin".

Je klarer Sie sagen, wohin Sie im Ergebnis wollen, desto eher erreichen Sie Ihr Ziel. Formulierungen wie: "Es soll besser werden" oder "Ich will keine Schmerzen mehr haben" führen nicht weiter. Im ersten Fall ist nicht klar, was "besser" für Sie bedeutet: Wie viel besser denn? Nur ein wenig? Oder darf es etwas mehr sein ...? Im zweiten Fall liegt eine negative Formulierung vor: "Ich will *keine* ...". Was Sie nicht wollen, war aber gar nicht die Frage, oder? Und was Sie stattdessen wollen, kommt in der Formulierung gar nicht vor. Eine Zielbeschreibung ist das nicht.

Den meisten Menschen fällt es schwer, ihre Ziele in klare Worte zu fassen. Deshalb haben Experten hierfür eine Menge Strategien und Methoden entwickelt.

## 3.3.1 Die SMART-Methode

Eine der Methoden, die beim Erkennen und Beschreiben von Zielen hilft, ist die SMART-Methode[47]. Hier steht jeder Buchstabe für ein Merkmal, das das Ziel aufweisen muss. Das "S" steht für "spezifisch" ("Specific"). Damit ist gemeint, dass die Formulierung des Ziels so eindeutig wie nur möglich sein muss. Jeder Beteiligte sollte sie klar verstehen können. Das "M" steht für "messbar" ("Measurable"). Das Ergebnis, also das Ziel, muss messbar sein. "A" bedeutet: "akzeptiert" ("Accepted"). Das "A" kann aber auch für "attraktiv" stehen. Denn je attraktiver das Ziel, desto eher lässt es sich erreichen. Alle Beteiligten müssen das Ziel anerkennen. Für eine realistische Zielvorstellung steht das "R" ("realistisch"/"Realistic"), und für eine zeitgebundene Umsetzung das "T" ("terminiert"/"Time Bound").[48]

---

[47] Die SMART-Methode (SMART steht für **S**pecific **M**easurable **A**ccepted **R**ealistic **T**ime Bound) wird im Projektmanagement sowie im Rahmen von Mitarbeiterführung und Personalentwicklung angewendet, um Ziele (im Rahmen einer Zielvereinbarung) eindeutig zu formulieren und festzulegen.

[48] Genaueres siehe unter: https://de.wikipedia.org/w/index.php?title=SMART_%28Projektmanagement%29&oldid=150060449

## 3.3.2 Die Disney-Strategie

Eine von vielen Methoden, um das Ziel klarer zu erkennen, ist die "Disney-Strategie"[49]. Sie heißt so, weil Walt Disney sie angewandt haben soll, wenn es um die Entstehung seiner Filme ging. Wählen Sie dazu ein Thema aus, das Ihnen wichtig ist. Zum Beispiel: "Berufliche Neuorientierung". Das schreiben Sie auf ein Blatt Papier und legen es in die Mitte des Raumes. Dann verteilen Sie auf dem Boden drei Zettel mit jeweils einem Begriff: "Träumen", "Planen" und "Konsequenzen ziehen". Diese drei Zettel verteilen Sie weiträumig um das erste Blatt.

Als ersten Schritt nehmen Sie eine Position am Rande ein, sozusagen einen Beobachterposten[50]. Sie betrachten nun Ihr Projekt "Berufliche Neuorientierung" quasi von außen. Konzentrieren Sie sich auf das Thema.

Stellen Sie sich nun auf den Zettel mit der Aufschrift "Träumen". Erlauben Sie sich nun, frei zum Thema zu träumen. Schließen Sie dazu ruhig die Augen. In Ihren Träumen gibt es

---

[49] siehe: Oberbichler, Thomas: Ziele setzen, erreichen, finden. In drei Schritten zu Ihrem Erfolg. be wonderful! Verlag, Wien 2013 oder: Verlag Thomas Oberbichler (E-Book), 2013. S. 24 ff.

[50] Dies wird von Experten oft auch als "Meta-Position" bezeichnet.

keine Grenzen, keine Regeln und keine Einschränkungen. Lassen Sie Ihrer Fantasie freien Lauf! Danach begeben Sie sich kurz wieder auf den Beobachterposten und besinnen sich auf das Thema.

Als zweites stellen Sie sich auf den Zettel mit der Aufschrift "Planen". Beginnen Sie nun, erste Ideen zu entwickeln, wie Sie Ihrem Ziel näher kommen können. Was können Sie tun? Wen können Sie ansprechen? Wer kann helfen? Was fehlt? usw. Wenn Ihnen nichts mehr einfällt, stellen Sie sich wiederum auf den Beobachterposten und lassen Sie das Ganze auf sich wirken.

Zuletzt stellen Sie sich auf den Zettel mit der Aufschrift "Konsequenzen ziehen". Befassen Sie sich hier mit der Frage, was Ihr Streben nach dem Ziel bewirkt. Was verändert sich, wenn Sie Ihre Träume tatsächlich leben? Wohin führt das alles? Werden Sie auf andere Dinge verzichten müssen? Müssen Sie weitere Entscheidungen treffen? Wen betrifft es noch? usw.

Zuletzt stellen Sie sich erneut auf den Beobachterposten und spüren, was diese drei Schritte mit Ihnen und Ihrem Ziel gemacht haben. Sehen Sie jetzt klarer?

Sie können diese Technik so oft Sie wollen wiederholen. Zu allen Themen, die Sie beschäftigen. Auch mehrmals zum selben Thema.[51]

Sie können auch mehrere Ziele, die Sie bereits näher festgelegt haben, als Zettel auf dem Boden verteilen. Wenn Sie dann den Beobachterposten einnehmen und danach die drei Positionen ("Träumen", "Planen", "Konsequenzen ziehen") betreten, kommen Ihnen vielleicht Ideen, wie die verschiedenen Ziele zusammenpassen. Fühlen Sie sich frei, die Methode zu erweitern!

### 3.3.3 Das Vision-Board

Haben Sie bereits einen klaren Traum, der auch (zumindest theoretisch) realisierbar ist? Sie wissen aber noch nicht genau, wie Sie dort hinkommen? Wie Sie das schaffen sollen? Dann hilft Ihnen vielleicht ein sogenanntes "Vision-Board"[52]. Ein "Vision-Board" ist nichts anderes als ein Bild, das Sie sich von Ihrem Ziel machen. Es dient letztlich dazu, dass Sie

---

[51] Oberbichler, Thomas: Ziele setzen, erreichen, finden. In drei Schritten zu Ihrem Erfolg. be wonderful! Verlag, Wien 2013 oder: Verlag Thomas Oberbichler (E-Book), 2013.

[52] Frei nach: Oberbichler, Thomas: Ziele setzen, erreichen, finden. In drei Schritten zu Ihrem Erfolg. be wonderful! Verlag, Wien 2013, S. 57 ff.

Ihr Ziel immer vor Augen haben. Und dass Sie dieses Bild stetig ausbauen.

Dazu können Sie sich beispielsweise eine Pinnwand in Ihr Zimmer hängen. Oder an einen anderen Platz, den Sie oft vor Augen haben. An diesem Ort sammeln Sie alles, was zu Ihrem Thema passt. Ihr Thema ist (wie oben) "Berufliche Neuorientierung"? Dann könnten Sie Zeitschriften-Artikel, Stellen-Ausschreibungen oder Berichte zu den infrage kommenden Berufen aufhängen. Sie könnten Bilder sammeln, die mit diesen zu tun haben. Sie könnten in Theaterstücke, Konzerte, Ausstellungen, Vorträge gehen, die das Thema ansprechen. Hängen Sie dann einfach die Eintrittskarten auf. Oder Prospekte, Plakate, Flyer. Haben Sie vielleicht Fotos gemacht? Gibt es Bücher zum Thema? Zeitschriften? Menschen, die sich damit befassen? Dann besorgen Sie sich deren Telefonnummer. Sammeln Sie einfach alles, was Sie in positiver Weise an Ihr Ziel erinnert. Und was nicht mehr passt, entfernen Sie. Auf diese Weise nähern Sie sich dem Ziel nicht nur – Sie grenzen es ein. Und verlieren es nicht aus den Augen. Und: Sie kommen auf den Punkt.[53] Sie können sich auch Ihre Zielebilder als Hintergrundbild auf Ihrem PC anzeigen lassen. Oder auf dem Handy. Für manches Tablet gibt

---

[53] frei nach: Oberbichler, Thomas: Ziele setzen, erreichen, finden. In drei Schritten zu Ihrem Erfolg. be wonderful! Verlag, Wien 2013

es tolle Apps, um Bilder zusammenzustellen. Ihrer Fantasie sind keine Grenzen gesetzt.

### 3.3.4 Die Brainstorming-Methode

Sie können auch eine Version des "Brainstormings" anwenden, um zu einem klareren Ergebnis zu kommen. Ursprünglich diente diese Methode der Ideenfindung in Gruppen. Sie lässt sich aber auch sehr gut alleine anwenden. "Brainstorming" bedeutet nichts anderes als "using the brain to storm a problem". Auf Deutsch heißt das: "Das Gehirn verwenden zum Sturm auf ein Problem".[54] Oder in anderen Worten: Angriff von allen Seiten. Rundumschlag. Informations-Sammlung. Sie holen alles raus, was da ist. Denn das ist es. Es ist bereits alles in Ihnen: Ideen, Wünsche, Sorgen oder Bedenken, Erfahrungen ... und vieles mehr. Überraschen Sie sich einfach mal selbst.

Hierzu stellen Sie einen Begriff, der Ihr Wunschziel umreißt (hier also: "Berufliche Umorientierung"), in den Mittelpunkt einer Tafel oder eines großen Blattes Papier. In einem ersten

---

[54] Die Methode des Brainstormings wurde 1939 von Alex F. Osborne entwickelt und von Charles Hutchison Clark weiterentwickelt. Ursprünglich diente sie der Ideenfindung in Werbung und Produktentwicklung. Heute werden diverse Methoden mit dem Begriff "Brainstorming" bezeichnet. Genaueres unter: https://de.wikipedia.org/wiki/Brainstorming

Schritt schreiben Sie dann frei alle Begriffe und Ideen auf, die Ihnen dazu einfallen. Gruppieren Sie diese lose um den Begriff in der Mitte. Denken Sie nicht nach, was wo stehen soll, wie Sie es schreiben usw. Tun Sie es einfach. Lassen Sie alle Ihre Eingebungen direkt aufs Papier fließen. Erst, wenn Ihnen nichts mehr einfällt, treten Sie einen Schritt zurück und betrachten, was Sie da geschaffen haben.

Jetzt versuchen Sie im zweiten Schritt, die gesammelten Begriffe zu sortieren. Dazu können Sie sie zum Beispiel farbig markieren. Vielleicht haben Sie sie auch auf Karten geschrieben und können sie nun beliebig hin- und herschieben. Es bietet sich vielleicht an, nach Gesichtspunkten zu selektieren. Solche wie "realistisch", "unrealistisch" oder "bedingt machbar". Möglicherweise ist es in Ihrem Fall aber sinnvoller, danach zu sortieren, wie schnell die jeweiligen Punkte umzusetzen sind. Oder ob sie mit oder ohne Hilfe durchzuführen ist. Oder nach Kostenaspekten. Oder nach Themenbereichen, nach Dringlichkeit ... Entscheiden Sie das nach Ihrem Bauchgefühl. Bestimmt werden Sie auch das eine oder andere ganz aussortieren, da es zu realitätsfern ist. Oder nicht zu Ihnen oder zu Ihrem Ziel passt. Sie werden es wissen, wenn Sie Ihre Aufstellung vor sich haben.

Schritt Drei wäre dann, die verbliebenen Begriffsgruppen kritisch zu betrachten. Was lässt sich daraus erkennen? Was bleibt übrig? Auf welches Ziel deutet das alles hin? Ist es realistisch erreichbar? Wie? Wann? Was müssen Sie dafür tun?

Und Schritt Vier ist natürlich die Umsetzung.[55] Schritt für Schritt natürlich.

### 3.3.5 Fokussieren

Wenn es an die Umsetzung Ihrer Ziele geht, haben Sie schon einen weiten Weg zurückgelegt. Sie wissen nun, wo Sie hinwollen. Das ist bereits die halbe Miete. Das heißt aber noch nicht, dass es jetzt auch klappt. Denn Sie müssen den Weg dorthin ja auch noch zurücklegen. Auch dann, wenn es mal steil bergab geht. Aber auch hier gibt es ein paar wunderbare Methoden, wie Sie sich immer wieder in Ihren Zielen bestärken können. Und Ihre Batterien aufladen können.

Jetzt heißt es, nicht von der Zielgeraden abzuweichen. Natürlich ist es sinnvoll, von Zeit zu Zeit zu kontrollieren, ob das Ziel überhaupt noch zu Ihnen passt. Vielleicht hat sich ja etwas geändert. Schauen Sie ruhig, was sich links und rechts des Weges zeigt. Möglicherweise eine neue Idee, eine Chan-

---

[55] Es gibt viele Varianten des Brainstormings. Die hier vorgeschlagene orientiert sich frei nach der Ursprungsvariante von Osborne (siehe Fußnote 54).

ce, eine Anregung? Dann zögern Sie nicht, sie mitzunehmen. Aber wenn Sie sich Ihrer Richtung sicher sind, dann sollten Sie um jeden Preis das Steuer auf Zielkurs halten.

Angenommen, Sie sind gerade ein wenig überfordert. Vielleicht überarbeitet oder gestresst. Oder lauter kleine Dinge lenken Sie ständig davon ab, sich auf Ihr Ziel zu konzentrieren. Es geht Ihnen wie Boris Guentel, der auf seiner Tour frierend und erschöpft auf der Fähre saß. Was hat er gemacht, um sich wieder zu stärken? Letztlich nichts anderes, als sich auf sein Ziel zu konzentrieren. Er hat sich "fokussiert".

Dazu brauchen Sie einen einigermaßen ruhigen, ungestörten Ort. Zur Not tut es auch die Toilette. Oder der Hinterhof. Wenn Sie ein wenig Übung haben, können Sie das auch mitten in einer lärmenden Menschenmenge. Schließen Sie die Augen. Fortgeschrittene können auch nur ihren Blick verschließen – die Augen bleiben dabei offen. In einer Menschenmenge macht das manchmal Sinn ...

Versuchen Sie, sich Ihr Ziel vor Augen zu rufen. Stellen Sie sich zum Beispiel vor, Sie seien bereits an Ihrem Wunsch-Arbeitsplatz. Konzentrieren Sie sich auf dieses Bild. Blenden Sie Geräusche aus und stellen Sie sich stattdessen vor, wie sich Ihr neuer Arbeitsplatz anhört (Geräteklappern, Gespräche ...?). Blenden Sie Gerüche aus und stellen Sie sich vor, wie Ihr neuer Arbeitsplatz riecht (Kaffee, Parfüm, Schmieröl ...?). Blenden Sie aus, wie es Ihnen momentan geht. Stellen Sie sich vor, wie Sie sich am Ziel fühlen werden. Gehen Sie mit allen Sinnen hinein in Ihren neuen Arbeitsplatz. Wenn Sie nach einer Weile wieder zurückkehren, werden Sie wieder genau wissen, was Ihr Ziel ist. Wohin Sie wollen. Und wofür Sie den möglicherweise weiten oder beschwerlichen Weg in Kauf nehmen. Sie haben sich auf Ihr Ziel fokussiert. Und natürlich gilt auch hier: Training ist alles!

### 3.3.6 Visualisieren

Letztlich gibt es eine Menge Methoden, wie Sie sich auf Ihr Ziel ausrichten können. Immer gilt: Sie müssen selbst schauen, welche davon am besten zu Ihnen passt. Hier finden Sie nur eine Auswahl an erprobten Strategien. Vielleicht sind sie für Sie perfekt – vielleicht finden Sie auch etwas Besseres. Oder Sie entwickeln Ihre eigene Herangehensweise? Nur zu!

Eine erfolgreiche Methode ist das "Visualisieren"[56]. Sie ähnelt dem Fokussieren. Sie brauchen einen ruhigen Ort und ein

---

[56] Die Methode des Visualisierens wird in unterschiedlichsten Bereichen angewandt. Dazu gehören der Leistungssport und das Management, aber auch psychotherapeutische Behandlungsformen. Grundsätzlich geht es um das Sichtbarmachen von Erfolgen, um sich auf weitere Erfolge auszurichten.

wenig Zeit. Am besten machen Sie es sich bequem. Dann schließen Sie die Augen und stellen sich (wie beim Fokussieren) Ihr Ziel vor. Bauen Sie das Bild nun aus. Wie beim Fokussieren können Sie sich Geräusche, Gerüche, Gefühle vorstellen. Dann fangen Sie an, an Ihrem Zielort herumzugehen. Schauen Sie ihn sich genau an. Möchten Sie vielleicht in Schränke oder hinter Türen schauen? Oder hinausgehen – in den Garten? Was ist nebenan? Öffnen Sie das Fenster und lauschen Sie, was draußen ist. Betrachten Sie alles genau und merken Sie sich, wie es aussieht. Wenn Sie beim nächsten Mal wiederkommen, werden Sie sich schon viel besser zurechtfinden. Und heimischer fühlen. An Ihrem Ziel.

Diese Methode ist nicht an einen Ort gebunden. Sie können sie mit ein wenig Übung jederzeit und überall durchführen.

### 3.3.7 Zielbaden

Eine erweiterte Form des Visualisierens ist das "Zielbaden"[57]. Planen Sie dazu jeden Tag eine bestimmte Zeitspanne ein. Am besten immer zur selben Tageszeit. In dieser Zeit träumen Sie sich zu Ihrem Ziel. So, wie Sie es auch beim

---

[57] Oberbichler, Thomas: Ziele setzen, erreichen, finden. In drei Schritten zu Ihrem Erfolg. be wonderful! Verlag, Wien 2013 oder: Verlag Thomas Oberbichler (E-Book), 2013. S. 55 ff.

Visualisieren tun. Nun stellen Sie sich auch die Menschen vor, mit denen Sie dort zu tun haben werden. Sie stellen sich vor, Sie haben dort Erfolge. Sie bekommen möglicherweise Lob oder sehen, wie ein schwieriges Projekt gelingt. Sie verwirklichen sich und Sie bekommen Rückhalt. Alles ist so, wie Sie es sich wünschen. Erlauben Sie Ihren Träumen ruhig, abzuheben! Je perfekter der Traum, desto besser. Wenn Sie dann aus Ihrem Zielbad auftauchen, werden Sie gestärkt sein. Der Erfolg und die Freude, die Sie dort gespürt haben, nehmen Sie mit. Spüren sie den positiven Gefühlen noch eine Weile nach. Das gibt Ihnen Auftrieb für den Weg zu Ihrem Ziel.

**3.3.8 Ziele verändern sich**

Sie wissen nun, wie Sie sich Ihren Zielen nähern können. Und wie Sie sie festlegen. Zudem haben Sie einige Hilfsmittel erhalten, die Ihnen den Weg zum Ziel erleichtern.

Ich möchte noch einmal daran erinnern: Schriftlich ist immer besser! Notieren Sie Ihre Werte und Ihre Ziele, im Abstand von Tagen oder Wochen, immer wieder neu. Dann verpassen Sie auch nicht mögliche Veränderungen.

Und eines sollten Sie nicht vergessen: Sie schreiben auf Papier. Sie meißeln das Ganze nicht in Steintafeln. Das bedeutet: Sie können jederzeit etwas ändern. Halten Sie also die Augen offen, damit Sie keine Chancen übersehen.

### 3.4 Scheitern ist gut – Dranbleiben!

*"Fehler sind das Tor zu neuen Entdeckungen."*

James Joyce (1882-1942)[58]

Scheitern ist gut?! Möglicherweise haben Sie gestockt, als Sie dies gelesen haben. Was, bitte, soll am Scheitern gut sein? Und dann sollen Sie auch noch trotzdem dranbleiben? Vielleicht haben Sie im ersten Moment an Ihrem (oder an meinem?) Verstand gezweifelt. Das ist verständlich. Das Ganze klingt erst einmal wie ein deutlicher Widerspruch. Und rein sprachlich ist es das ja auch: "Scheitern" ist ein Begriff, der eindeutig mit einer negativen Wertung belegt ist. Scheitern ist das Gegenteil von Erfolg. Und das steht in klarem Gegensatz zu "gut". Genauer betrachtet ist Scheitern aber nur ein Feedback auf Ihre Handlungen.

Dass es nicht gut ist, stimmt nur auf den ersten Blick. Zunächst einmal sehen viele Betroffene sich zu Anfang als

---

[58] Irischer Schriftsteller, einer der bekanntesten Vertreter der "Literarischen Moderne".

## Kapitel III: Reha – und andere Ziele

grundsätzlich gescheitert. Allein wegen ihres Unfalls oder ihrer Erkrankung. Weil die sie daran hindert, ihr Leben so weiterzuführen, wie sie es gewohnt waren. Und wie sie es geplant hatten. Doch wenn Sie bis hierher gelesen haben, werden Sie wissen, dass dieser Ansatz problematisch sein kann. Sie haben inzwischen ihre neuen hundert Prozent abgesteckt. Sie haben Ihr Ziel definiert. Und vielleicht haben Sie sich sogar schon auf den Weg gemacht. Somit ist das, was Sie zuerst als Scheitern interpretiert haben, eigentlich nur die Vorbereitung gewesen auf das, was Sie jetzt tun.

Das wiederum mag Ihnen zynisch vorkommen. Denn wenn Sie nicht erkrankt wären, wäre ein Umdenken ja gar nicht erforderlich gewesen. Doch nutzt Ihnen eine solche Denkweise? Nein, denn sie ist rückwärts gerichtet. Sie leben ja jetzt. Und die Situation ist, wie sie ist. Das ist nicht zynisch – sondern einfach nur realistisch.

Die meisten Menschen setzen ein Scheitern mit einem Fehler gleich. Ein Misserfolg beruht also auf einem Fehler. Es wird dann lediglich noch unterschieden, wo dieser Fehler zu suchen ist: Entweder in der eigenen Person – die dann nicht selten grundsätzlich in Zweifel gezogen wird, da sie "fehlerhaft" ist. Oder als Fehler der anderen – was eine klassische Opferhaltung ist, da sie beinhaltet, dass man selbst hilf- und machtlos ist. Was für eine frustrierende Sichtweise!

Betrachten Sie das Ganze einmal mit ein wenig Abstand. Und stellen Sie sich Fragen wie: Was genau ist da gescheitert? Ich als Person? Mein ganzes Leben? Oder vielleicht doch nur eine Maßnahme, von der ich mir etwas versprochen habe? Eine Etappe (von vielen!) auf meinem Weg? Ein Schritt? Möglicherweise sieht die Herausforderung nun schon ein bisschen anders aus.

In der Regel ist es doch immer nur ein Schritt (und zwar der aktuelle Schritt!) auf dem Weg zu Ihrem Erfolg, der gerade gescheitert ist. Es ist ja nicht gleich Ihr ganzes Projekt verloren! Sie brauchen nur einen einzigen Schritt zurückzugehen. Und dann überlegen Sie, wie Sie sich neu auf das Ziel ausrichten. Sehen Sie es einmal so: Wenn Sie den Bus zur Arbeit verpassen, warten Sie ja auch auf den nächsten Bus. Oder Sie überlegen sich, ob Sie vielleicht die Straßenbahn nehmen, ein Taxi bestellen oder zu Fuß gehen. Oder einen Kollegen anrufen. Oder was auch immer. Sie werden sicher nicht sofort Ihren Job aufgeben, wieder zurückgehen und fortan zu Hause bleiben.

Fragen Sie sich nun (und das meine ich durchaus ernst!), was sich durch Ihr vermeintliches Scheitern positiv verändert haben könnte. Ist es nicht zumindest so, dass Sie dadurch wieder aufmerksamer für Ihre Situation geworden sind? Vielleicht müssen Sie jetzt neu planen. Okay, das mag mühsam sein. Waren die alten Pläne denn noch gültig und angemessen? Vielleicht müssen Sie sich nun nach alternativen Wegen umsehen. War der alte Weg denn wirklich der beste oder einzige? Ist es möglicherweise sogar gut, dass Sie das Ganze einmal wieder gründlich durchdenken?

Jedes Mal, wenn Sie sich intensiv mit Ihrer Situation befassen, kommen neue Ideen und Vorschläge zusammen. Die eröffnen Ihnen neue Möglichkeiten und Wege.

Es kann sein, dass Sie nun andere Berater finden, die Ihnen Tipps geben, die Sie sonst nicht bekommen hätten. Es kann sein, dass sich die rechtliche Lage ändert. Es könnte neue Medikamente oder Therapien geben, von denen Sie sonst nichts gehört hätten.

Sie lernen vielleicht Leute kennen, die Ihnen auf Ihrem weiteren Weg etwas bedeuten. Die hätten Sie sonst möglicherweise nie getroffen. Diese Liste könnte unendlich fortgeführt werden. Doch schauen Sie lieber selbst, was sich Ihnen Neues bietet. Sie sind (das hatten wir ja längst festgestellt) der beste Experte für Ihre Situation.

Sie können also ein Scheitern immer als eine Art Weckruf betrachten, sich neu umzusehen. Aber keinesfalls sollten Sie es als Bankrotterklärung verstehen. Sehen Sie es als einen hilfreichen Hinweis, dass Sie sich festgefahren haben könnten. Als Erinnerung, dass es rechts und links des Weges so einiges gibt, das es sich lohnt aufzusammeln.

Noch einmal nachgefragt:

Haben Sie sich vielleicht auch Ihre (Zwischen-)Ziele zu weit gesteckt? Meistens ist es nicht das End-Ziel, das zu groß ist. Sondern es sind die kleinen Schritte, die dorthin führen sollen. Wenn Sie sich an einem dieser "Brocken" verheben, dann entmutigt das zuerst einmal. Vielleicht war er ganz einfach zu schwer? In zwei oder drei einzelnen "Bröckchen" wäre es Ihnen womöglich viel leichter von der Hand gegangen.

Also: Stellen Sie nicht gleich Ihr ganzes Ziel infrage!

Oft sind es Ihre Mitmenschen, die weit eher begreifen als Sie selbst, dass Ihr Weg gerade nicht förderlich ist. Oder dass Sie zu viel von sich verlangen. Manche Freunde, Bekannte oder Verwandte geben Ihnen dann sogar Feedback.

Kritik kann natürlich erst einmal am Ego kratzen. Man möchte sofort verneinen, abwehren. Die meisten tun das.

Doch wenn Sie ehrlich sind, werden Sie zugeben, dass so ein Feedback manchmal durchaus berechtigt ist. Schauen Sie also genau hin, ob an diesem Feedback nicht doch etwas dran sein könnte. Je ehrlicher Sie mit sich selbst sind, desto eher finden Sie einen neuen Ansatz.

Seien Sie dankbar für Feedback! Niemand zwingt Sie, es anzunehmen. Wenn Sie es tun, können Sie nur gewinnen.

Nun ist es leider so, dass auch andere beschließen können, dranzubleiben. Zum Beispiel die Krankenkasse, die eine Leistung verweigert. Oder der Arzt, der Ihnen etwas verschreiben möchte, was Sie nicht haben wollen. Oder Ihr Partner, der meint, Sie könnten noch lange nicht wieder zur Arbeit gehen.

Nun, das ist legitim: Die Krankenkasse hat Regeln, die sie befolgen muss. Der Arzt meint es wahrscheinlich nur gut mit Ihnen. Und Ihr Partner macht sich ganz einfach Sorgen, Sie könnten sich überfordern.

Meinungen stehen manchmal einfach gegeneinander. Nicht immer lässt sich das mit Reden aus der Welt schaffen. Dann müssen Sie da durch. Die anderen auch.

In einem solchen Fall können Sie nur eines tun: Überprüfen Sie noch einmal Ihre Werteliste. Erinnern Sie sich an Ihre Stärken. Und wenn Sie sich dann Ihrer Ziele noch sicher sind, dann fokussieren Sie sie. Machen Sie ein Zielbad. Überprüfen Sie auch Ihren Plan, wie Sie dort hinkommen wollen. Und wenn Sie Ihren Weg als richtig erachten (oder ihn korrigiert haben) gehen Sie erneut los in Richtung Ziel. Was sonst?

Und noch etwas: Wenn Sie einen Misserfolg haben, Rückschläge erleiden, negative Feedbacks bekommen, dann denken Sie vielleicht noch einmal an die kleine Ente, die mitten durchs Bild läuft ...

**3.5 Ihre neuen hundert Prozent**

*"Die Perle kann ohne Reibung nicht zum Glänzen gebracht, der Mensch ohne Anstrengung nicht vervollkommnet werden."*

Konfuzius (551-479 v. Chr.)[59]

Bereits mehrfach wurde auf Ihre hundert Prozent eingegangen. Es wurde geklärt, dass hundert Prozent nichts Bleibendes sind, dass sie sich jederzeit verändern können. Wenn Sie einmal genauer hinschauen, wandelt sich das Bild sogar täglich: Wenn Sie stark erkältet sind, haben Sie weniger Power

---

[59] Konfuzius (latinisierte Form von K'ung-fu-tzu), chinesischer Philosoph.

als sonst. Sie schaffen Ihr Bewegungs-Programm nicht. Oder Sie können sich nicht auf einen Text konzentrieren, den Sie sonst in wenigen Minuten geschrieben hätten. Oder Sie kommen gar nicht erst aus dem Bett. Und schon haben Sie andere hundert Prozent als sonst. Angenommen, Sie sind gerade volljährig geworden und machen eine Ausbildung. Ihr Körper ist noch im Wachstum und verändert sich sichtbar. Also auch Ihre hundert Prozent. In der Ausbildung erlangen Sie eine Menge an Wissen und Können. Sie erweitern demnach nicht nur Ihren Horizont, sondern auch Ihre hundert Prozent.

Dass die hundert Prozent, die Sie jeweils haben, sich verändern, ist also vollkommen normal. Wenn nun eine starke Veränderung in Ihr Leben tritt, zum Beispiel durch einen Unfall, dann verändern sich Ihre hundert Prozent ebenfalls deutlich. Es sind allerdings immer noch hundert Prozent. Nämlich Ihre ganz persönlichen hundert Prozent.

Und das Problem ist nicht, dass die hundert Prozent sich verändert haben. Das Problem ist, dass die meisten die Veränderung der hundert Prozent nicht sehen. Oder nicht sehen wollen.

An dieser Stelle sei noch einmal an Boris Guentel erinnert, der sinngemäß sagte, dass alles möglich sei, wenn man nur an seinen Grenzen arbeite. Wenn man sie regelmäßig erweitere. Das bedeutet nichts anderes, als dass Boris Guentel sich ständig neue hundert Prozent schafft. Und Schritt für Schritt beinhalten seine hundert Prozent ein wenig mehr als die vorigen. Veränderung ist also in beide Richtungen möglich. Sie haben es in der Hand.

Im Grunde ist es nur Ihre eigene Sichtweise, die Sie verändern, wenn Sie den jeweiligen Zustand als hundert Prozent betrachten. Und nicht (beispielsweise) als ausbaufähige fünfzig Prozent. Das ist aktive mentale Arbeit, die Sie damit leisten! Denn Sie programmieren sich auf Erfolg. Sie richten Ihr Denken in eine positive Richtung.

Jeder kennt das Beispiel mit dem zur Hälfte gefüllten Wasserglas. Der Pessimist sagt: "Oje, das Glas ist ja schon halb leer! Nur noch ein kläglicher Rest ... das wird eng." Der Optimist sagt ganz einfach: "Wow! Noch so viel drin!" Das Glas indes ist dasselbe. Nur, wie die beiden damit umgehen, ist verschieden. Der Pessimist sieht fünfzig Prozent. Das Glas ist ja schließlich halb leer. Der Optimist hingegen sieht nicht das Glas, sondern das Wasser. Und zwar als hundert Prozent. Die sich deutlich steigern lassen. Denn es ist ja noch massig Platz im Glas. Und wer dieser beiden zufriedener ist, ist ja wohl keine Frage. Sie können sich auch nach weiteren Gläsern umschauen ...

Betrachten Sie nun noch einmal Ihre Situation. Wie bereits festgestellt, gibt es da ein paar Personen, die für Sie Entscheidungen treffen dürfen. Oder sollen. Zum Beispiel die Krankenkassen, Berufsgenossenschaften, Versicherungen, Ärzte, Therapeuten. Je verzwickter der Fall, desto mehr Personen sind möglicherweise beteiligt. Und alle diese Personen haben eine bestimmte Vorstellung von ihren hundert Prozent. Manche sehen sie vielleicht als halb leeres Wasserglas. Manche immerhin als halb volles. (Sieht gar jemand mehr als ein Glas?)

Der Arzt sieht Ihre Einschränkungen und denkt: "Na ja, möglicherweise sechzig Prozent. Mit ein wenig Training könnten es wieder achtzig werden. Aber bestimmt keine hundert mehr." Das gibt er so an die Krankenkasse weiter, indem er entsprechende Medizin, Therapien, Hilfsmittel verschreibt. Der Sachbearbeiter bei der Krankenkasse denkt vielleicht: "Oje, das wird teuer. Und dann bleibt auch noch etwas zurück. Das wird also auch auf lange Sicht teuer." Und der Physiotherapeut denkt womöglich: "Nun, ganz kann man das nicht wieder hinkriegen. Aber zumindest muss es reichen, um den Alltag allein zu bewältigen." Merken Sie etwas? Keiner dieser Personen geht von hundert Prozent aus. Von den aktuellen hundert Prozent. Von dem, was Sie als Ausgangszustand haben. Den es zu verbessern gilt. Es ist genau das Gleiche wie mit dem Wasserglas: Es ist eben halb leer. Man muss auf den Rest Wasser aufpassen. Damit es nicht noch weniger wird. Und niemand kommt auf die Idee, es einfach aufzufüllen. Damit es einfach nur besser wird. Oder ein paar Gläser dazu zu stellen ...

Was ich damit sagen will? Ganz einfach: Tragen Sie die Idee der hundert Prozent nach außen! Vertreten Sie sie gegenüber allen Beteiligten. Lassen Sie sich nicht auf weniger als hundert Prozent degradieren. Sie sind und haben (immer und überall!) hundert Prozent! Je mehr Sie diese Sichtweise verinnerlichen, desto eher werden Sie sie auch vermitteln können. Und vielleicht färbt sie ja ab? Ideal wäre es, wenn Ihr Arzt sagen würde: "Wow, da haben Sie schon viel geschafft. Was gehen wir also als Nächstes an?" Die Krankenkasse bekommt von Ihren Erfolgen berichtet und denkt: "Da lohnt eine Investition. Wollte er/sie nicht ein Hilfsmittel haben? Das könnte auf lange Sicht weitere Fortschritte bringen." Und der Physiotherapeut denkt: "Da haben sich ja alle ganz schön reingehängt. Dann wollen wir mal sehen, wie wir am besten einen weiteren Erfolg erzielen." Und jetzt mal ganz ehrlich: Ist das denn wirklich eine komplett unrealistische Vorstellung? Eigentlich nicht. Also: Gehen Sie es an – es lohnt sich. Hundertprozentig!

Schauen Sie sich einmal bewusst an, wie erfolgreiche Leute das handhaben. Sie werden feststellen, dass sie alle von den hundert Prozent ausgehen, die sie haben. Nicht von denen, die sie haben könnten. Somit ist nur noch eine Steigerung drin. Weniger geht nicht. Denn hundert ist immer. Egal, wo Sie gerade stehen.

Das heißt nicht, dass sich Ihre Situation nicht auch verschlechtern kann. Familiär, gesundheitlich, finanziell, wie auch immer. Immer kommt es darauf an, was Sie daraus machen.

Ich habe Ihnen bereits eine Menge Leute vorgestellt. Prominente und ganz alltägliche Leute. Menschen wie Sie und ich. Und wenn Sie jetzt noch einmal deren Geschichten lesen, werden Sie erkennen, dass immer diejenigen Erfolge hatten, die ihre aktuelle Situation als hundert Prozent anerkannt haben. Schlichter formuliert: die ihre Situation angenommen haben. Nicht hingenommen – angenommen!

Das bedeutet nicht mehr und nicht weniger, als dass diese Menschen sich ihrem Leben stellen. Und es in die eigenen Hände nehmen. Und da gehört es ja auch hin.

# Kapitel IV: Motiviert sein

*"Ob Du denkst, Du kannst es, oder Du kannst es nicht:*
*Du wirst auf jeden Fall recht behalten."*

Henry Ford (1863-1947)[60]

Sie haben sich nun ausführlich damit befasst, wie Sie Ihre Ziele erkennen. Sie wissen, wie Sie sie festsetzen und formulieren. Doch sicher werden Sie einsehen, dass das Formulieren des Zieles noch nicht alles ist. Davon ist es ja noch nicht erreicht. Zum Erreichen eines Zieles benötigen Sie auch Motivation. Diese kann von außen kommen oder von innen. Das bedeutet: Sie können sich von anderen motivieren lassen – oder Sie können sich selbst motivieren. Wie bei allen anderen Dingen auch, ist eine gesunde Mischung aus beidem optimal.

Sie fragen sich, wo diese Motivation herkommen soll? Sich von anderen motivieren zu lassen, ist einigermaßen leicht. Sich selbst zu motivieren, erscheint dagegen schon etwas schwieriger. Ich gehe deswegen zuerst einmal einen Schritt zurück zu der Frage: Was ist das überhaupt – Motivation? Im Lexikon nachgeschaut, ergibt sich dazu Folgendes: "Motiva-

---

[60] Amerikanischer Großindustrieller, Begründer der Ford-Motor-Company, Pionier der Fließband-Fertigung.

tion" ist das Streben des Menschen nach Zielen. Genauer: "Motivation" ist die Summe der Motive, die den Menschen handeln lassen, damit er sein Ziel erreicht.[61] "Motivation" stammt von dem lateinischen Wort "movere" ab. Es steht für "bewegen". Es geht also darum, dass Sie sich bewegen – in Richtung Ihres Zieles. Und dass Sie Motive finden, die Ihnen diese Bewegung erleichtern. "Erleichtern" im Sinne von "leicht machen".

Motivation wird oft falsch verstanden. Es wird suggeriert: Wenn Sie nur motiviert genug sind, können Sie alles schaffen! Geben Sie einfach immer Vollgas! Dann ist alles leicht! Der Umkehrschluss ist: Wenn Sie etwas nicht geschafft haben, sind Sie wohl nicht motiviert genug. Sie haben eben nicht genug gegeben. Das ist, finde ich, eine fatale Grundeinstellung.

Dass "immer Vollgas" nicht selten "nach hinten losgehen" kann, war bereits in Kapitel 3.1 *(Entspannung)* Thema. Und dass ein zu großes Ziel das genaue Gegenteil von Motivation bedeuten kann, leuchtet ebenfalls ein. Sie erinnern sich: Ziele sollten erreichbar sein. Sonst machen sie Druck, statt zu motivieren. Und der Weg dorthin sollte in Etappen aufgeteilt sein. Damit jedes noch so kleine erreichte Ziel ein Erfolgs-

---

[61] Genaueres z. B. unter: https://de.wikipedia.org/wiki/Motivation.

erlebnis ist. Erfolg motiviert ungemein. Erfolg ist der Motor Ihres Handelns. Genauer gesagt, der Treibstoff.

Außerdem: Motivation bedeutet nicht Perfektion! Um etwas zu erreichen, müssen Sie nicht Vollgas geben. Sie müssen nur die richtige Richtung einschlagen. Motivation bedeutet vielmehr, dann die Spur zu halten. In genau dem Tempo, das Ihnen gut tut.

Manche Ziele werden Ihnen von außen aufgedrückt. Diäten sind erneut ein gutes Beispiel. Viele Menschen wissen gar nicht genau, mit welchem Gewicht sie sich am wohlsten fühlen. Sie denken nicht einmal darüber nach. Sie wollen einfach nur dünn sein. Weil das in allen Medien als A und O gepredigt wird. Weil Models und Stars es vorleben. Doch nicht umsonst scheitern so viele Diäten. Denn genauer betrachtet ist das Ziel all dieser Menschen nicht, schlank zu sein. Ihr eigentlicher Wunsch ist dahinter verborgen: Sie wollen anerkannt sein. Geliebt werden. Respektiert werden. Es geht also um innere Werte. Und dazu versuchen sie, ihr Äußeres anzupassen. Motivation und Ziel sind hier also zwei verschiedene Paar Schuhe. Das kann nicht zum Erfolg führen. Erneut wird klar, warum es so wichtig ist, dass Sie Ihre Ziele genau abstecken. Dass Sie wissen, wo Sie hinwollen und warum. Dass es Ihre eigenen Ziele sind – nicht solche, die Ihnen von außen "untergeschoben" werden.

Wenn Ihr Ziel klar ist, kann es losgehen. Die größte Motivation ist natürlich der Wunsch, das Ziel zu erreichen. Diesen Wunsch können Sie mit den Methoden festigen, die ich Ihnen in Kapitel 3.3 *(Ziele formulieren – und erreichen)* vorgestellt habe. Ob Sie nun ein Vision-Board nutzen, ein Erfolgs-Tagebuch schreiben oder täglich ein Zielbad nehmen – das ist ziemlich egal. Hauptsache, Sie bleiben dran. Wie Sie dranbleiben, wurde in Kapitel 3.4 *(Scheitern ist gut – Dranbleiben!)* erläutert. Beim Dranbleiben hilft wiederum Motivation. Deswegen beschäftigen sich die folgenden Kapitel mit diesem Thema.

In Kapitel 4.1 *(Selbst-Beeinflussung und Selbst-Hypnose)* geht es um Selbst-Hypnose. Das mag erst einmal nach Hokus Pokus klingen. Oder nach Fernsehshows, in denen Zuschauer in Hypnose versetzt werden. Da tun sie dann lustige oder peinliche Dinge, an die sie sich hinterher nicht mehr erinnern können. Vielleicht auch nicht wollen. Und die Zuschauer fragen sich, wie viel man ihnen für diesen Gag bezahlt hat. Natürlich geht es hier um etwas ganz anderes. Es geht allein darum, wie Sie sich in einen Zustand versetzen können, der Ihnen den Weg zum Ziel leichter macht. Es geht letztlich um eine sinnvolle Erweiterung des Themas "Entspannung" *(Kap. 3.1: Entspannung)*.

Kapitel 4.2 *(Glaubens-Sätze und Glaubens-Systeme)* handelt von Überzeugungen, die wir alle von klein auf in uns herumtragen. Die uns im Zweifel gar nicht bewusst sind. Die uns aber trotzdem leiten. Nicht selten sind diese Überzeugungen (ich nenne sie Glaubens-Sätze) negativ gewichtet. Sie sind somit das Gegenteil von Motivation. Sie ziehen Sie herunter. Dem können Sie nur entgegenwirken, indem Sie sie entlarven. Wenn sie erst einmal erkannt sind, können sie entschärft werden – wie eine Mine. Denn sie haben durchaus Sprengkraft. Die Kraft, unsere Motivation zu sprengen. Lassen Sie sich also ein auf eine Suche nach Ihren hinderlichen Glaubens-Sätzen. Wir entschärfen sie – und tauschen sie gegen etwas Motivierendes ein!

Über Stolz haben Sie hier auch schon etwas gelesen und gelernt *(Kap. 1.3: Ihre Stärken – Die Sache mit dem Stolz)*. Da es unheimlich wichtig ist, dass Sie auf Ihre Erfolge stolz sind, wird in Kapitel 4.3 *(Stolz ist das Salz in der Suppe!)* noch einmal vertiefend darauf eingegangen. Stolz ist eine hervorragende Motivation – man muss sie sich nur erlauben!

Kapitel 4.4 *(Motivations-Programme)* geht konkret auf Programme ein, mit denen Sie Ihre Motivation ankurbeln können. Es gibt zwar unendlich viele davon, aber letztlich unterscheiden sie sich nicht nennenswert. Es geht immer darum, zu erkennen, wodurch Sie sich motivieren lassen. Je besser Sie darüber Bescheid wissen, desto eher finden Sie eine Strategie, die Sie zum Ziel bringt. Und zum nächsten ...

## 4.1 Selbst-Beeinflussung und Selbst-Hypnose

*"Blicke in Dich.
In Deinem Inneren ist eine Quelle,
die nie versiegt, wenn Du nur zu graben verstehst."*

Mark Aurel (121-180 n. Chr.)[62]

"Hypnose" ist eine Sache, die den meisten Menschen irgendwie bedrohlich erscheint. Oder ihnen sogar Angst macht. Hypnose wird oft als eine Macht verstanden, die Menschen gegen ihren Willen beeinflusst. Als eine Kunst der Manipulation. Sie wird – zum Beispiel in Shows – verwendet, um Menschen Dinge tun zu lassen, die sie sonst niemals tun würden. Schon gar nicht vor Publikum. Doch seien Sie beruhigt: Darum geht es hier ganz sicher nicht!

Wieder einmal lohnt es sich, zuerst einmal genauer hinzuschauen, wo der Ursprung des Begriffes liegt. Das Wort "Hypnose" stammt vom griechischen "hypnos" ab, das bedeutet ganz einfach "Schlaf". Früher dachte man, dass hypnotisierte Personen in eine Art Schlaf verfallen. In Wirklichkeit aber ist es das Gegenteil: Es handelt sich um einen tief entspannten, aber hoch aufmerksamen Wachzustand. Die Auf-

---

[62] Römischer Kaiser und Philosoph.

Kapitel IV: Motiviert sein

merksamkeit ist auf einen bestimmten Fokus gerichtet. Alles andere wird ausgeblendet. Das erklärt die besondere Empfänglichkeit hypnotisierter Personen.

Hypnoseähnliche Zustände erleben alle Menschen immer wieder. Sie kennen das sicher auch, dass Sie etwas vollkommen automatisiert tun, ohne darüber nachzudenken. Zum Beispiel Autofahren. Sie sind tief in Gedanken oder auch in einem Tagtraum. Plötzlich stellen Sie fest, dass Sie gerade dreißig Kilometer auf der Autobahn zurückgelegt haben und gar nicht wissen, wie es rechts und links der Straße aussah. Weder, was für eine Landschaft Sie durchfahren haben, noch, ob Sie die Raststätte verpasst haben, an der Sie eigentlich eine Pause einlegen wollten. Sie haben es einfach nicht wahrgenommen. Sie waren in sich selbst versunken.

Sie waren in einem "hypnotischen" Zustand.

Oder Sie sind in ein Buch vertieft. In einen Krimi möglicherweise. Die Geschichte nimmt Sie mit – im Wortsinn. Sie haben die handelnden Personen genau vor Augen. Sie sehen das Geschehen, laufen mit. Sie nehmen die Industrie-Gegend und die alte Fabrikhalle, in denen die Szene spielt, genau wahr. Sie hören Leute sprechen, vielleicht schreien. Sie fiebern und denken mit. Sie riechen Rauch. Sie fühlen die feuchte Kühle der Betonwand an Ihrer Hand. Sie spüren die Gefahr ...

Sie sind in einem "hypnotischen" Zustand.

Hypnose ist nichts anderes als tiefe Versenkung. Eine Art Trance. Genauer: Höchste Konzentration auf einen bestimmten Aspekt. Man kann es auch Fokussierung nennen. Wir alle kennen das. Nicht wahr?

Haben Sie schon einmal Autogenes Training gemacht? Auch das ist eine Form der Hypnose. Nur, dass es niemand so nennt. Denn dann würden viel weniger Leute hingehen. Weil Hypnose einen schlechten Ruf hat. Weil es nach Fremd-Steuerung klingt.

Und genau das wollen Sie ja nicht. Sie wollen Ihr Leben in die eigenen Hände nehmen. Es kommt also darauf an, die positiven Aspekte von Hypnose kennenzulernen. Und sie für sich gewinnbringend einzusetzen.

Dass es Ihnen gut tut, wenn Sie so versunken sind, haben Sie bestimmt schon gemerkt. Wenn Sie diese Zustände nun gezielt für sich nutzen wollen, haben Sie einen Vorteil: Sie können es bereits. Alle Menschen können das. Besonders Kinder.

Haben Sie einmal beobachtet, wie Kinder spielen? Sie erscheinen uns regelrecht weggetreten. Und das sind sie auch. Sie treten ein in das Reich ihrer Fantasie. Sie schöpfen aus ihrem Unterbewusstsein. Sie sind vollkommen fokussiert auf ihr Spiel. Nicht selten muss man sie mehrfach ansprechen oder sogar anfassen, um sie in die Realität zurückzuholen.

Die meisten Erwachsenen haben dieses Glück der totalen Versenkung scheinbar verlernt. Aber eben nur scheinbar.

Was genau machen Sie eigentlich, damit Sie in einen solchen Zustand geraten? Wissen Sie, wie Sie dort hinkommen? Meistens passiert es einfach, oder?

Läufer kennen diesen Punkt, an dem es plötzlich leicht geht. An dem alle Schmerzen überwunden scheinen. Oder egal sind. Sie laufen wie von selbst. Und das eine ganze Weile. Was das ist? Man nennt es auch "Runner's High". Des Läufers Gipfel also. Biochemisch lässt es sich mit einer Hormon-Ausschüttung erklären. Der Körper wird mit Dopamin geflutet – einem sogenannten "Glückshormon". Psychologisch betrachtet kann man es aber auch "Trance" nennen. Oder eben Hypnose.

Der Läufer hat sich selbst in einen "hypnotischen" Zustand gebracht.

Sie brauchen für eine Hypnose also keinen Hypnotiseur. Sie können das auch selbst. Jeder kann das. Der Vorteil ist, dass

Sie sich selbst vertrauen. Viel eher möglicherweise als einem fremden Hypnotiseur.

Bei den bisher genannten Beispielen ist die Beeinflussung allerdings nicht gezielt. Sie passiert einfach aus der Situation heraus. Beim Laufen geschieht es zwar etwas methodischer, aber dafür ist es sehr mühsam. Nicht jeder kann oder will laufen. Schon gar nicht, bis es weh tut. Nicht jeder ist sportlich. Bei manchen erlaubt es der Gesundheitszustand nicht. Wie Sie sich trotzdem gezielt in einen solchen Zustand bringen können, erfahren Sie weiter unten. Und vor allem, wie es wesentlich müheloser und schneller geht.

Bisher wurde klar, dass Hypnose (genauer gesagt: Selbst-Hypnose) eine bestimmte Form der Selbst-Beeinflussung ist. Ich habe Ihnen bereits eine ganze Menge Tipps zur Selbst-Beeinflussung gegeben. Zum Beispiel die Erfolgs-Liste. Oder die Stärken-Liste. Und alle weiteren Methoden, die Sie in Kapitel 3.3 *(Ziele formulieren – und erreichen)* finden – von der SMART-Methode bis hin zum Zielbaden. Manches mag nicht zu Ihnen gepasst haben, aber ganz sicher haben Sie nichts daran bedrohlich gefunden. Einiges davon kommt einem hypnotischen Zustand schon recht nahe. Denken Sie zum Beispiel an das Visualisieren und an das Fokussieren. Alles, was ich Ihnen hier in diesem Kapitel zum Thema "Hypnose" vorstelle, ist genauso wenig bedrohlich wie die

Methoden, die Sie bereits kennen. Im Gegenteil: Es handelt sich eigentlich nur um eine sinnvolle Erweiterung zum Thema "Entspannung".

### 4.1.1 Die geheime Macht des Rollenwechsels

Von Kindern kennen Sie das: "Ich bin der Prinz, und du bist die Prinzessin. Ich muss dich retten." Und schon "reitet" der kleine "Prinz" los durch alle "Gefahren". Unerschrocken und unfassbar tapfer bekämpft er Drachen, Banditen und Soldaten. Und besiegt sie alle. Und natürlich rettet er die Prinzessin! Die ist ihm unendlich dankbar und beschenkt ihn reich. Dann wird pompös geheiratet. Und wenn sie nicht ...

Können Sie sich noch erinnern, wie Sie sich nach einem solchen Spiel gefühlt haben? Im Zweifel glücklich, unbesiegbar und mächtig. Und mächtig stolz. Dabei war es doch nur ein Spiel. Nur Fantasie. Nur?

Bedenken Sie: Die Gefühle aus dem Spiel haben Sie damals aus der Welt der Träume in die echte Welt hinübergerettet. Denn die waren durchaus echt. Das können Sie auch heute noch. Was Sie beim Visualisieren machen, ist nichts anderes. Oder beim Fokussieren. Es ist eigentlich genau dasselbe wie Zielbaden.

Versuchen Sie es einmal: Stellen Sie sich vor, Sie haben mit allen Therapien Erfolg. Großen Erfolg. Sie haben wieder einen Job – oder was auch immer Sie sich wünschen. Eine Weltreise gefällig? Warum nicht? Es ist alles möglich! Sie haben einen Partner, der Sie liebt, Freunde, Kinder ... und Sie haben Erfolg! Was Sie anpacken, gelingt. Sie bekommen Lob, Sie werden geliebt, geehrt, was auch immer. Schwelgen Sie in diesen Gefühlen! Prassen Sie damit! Der Vorrat ist unendlich! Und wenn Sie dann aus diesem Tagtraum auftauchen, nehmen Sie diese wunderbaren Gefühle mit. Das passiert ganz automatisch – Sie müssen nichts dafür tun. Und dann schwelgen Sie einfach noch eine Weile weiter.

Was Sie da gerade gemacht haben? Sie haben sich selbst hypnotisiert.

Jetzt kommt es darauf an, sich ein Hilfsmittel zu beschaffen, um solche Gefühle schneller abrufen zu können. Ohne langen Traum. Dazu müssen Sie den Anker[63] auswerfen. Um nicht abzutreiben.

---

[63] Der Begriff des Ankers wird in der Psychologie häufig verwendet. In der Hypnosetherapie ist er ein fester Begriff. Siehe auch: Becker, Jan: Du kannst schaffen, was du willst – Die Kunst der Selbsthypnose. Piper Verlag, München 2015. S. 171 ff.

## 4.1.2 Den Anker auswerfen

Sie haben nun ein Mittel gefunden, um sich in einen guten Zustand zu versetzen. Sie haben sich in einen Traum versenkt und gute Gefühle daraus mitgenommen. Garantiert kennen Sie noch mehr Momente, die Sie in einen glücklichen Zustand bringen. Manchmal sind es ganz banale Dinge. Das Hemd des Liebsten, das so angenehm nach ihm riecht: Sie ziehen es beim Schlafen an, wenn er mal nicht da ist. Der Duft von Kaffee und Toast, der am frühen Morgen bis ans Bett zieht: Wie damals bei Oma, wo man immer so wunderbar geborgen war. Und im Pyjama frühstücken durfte. In der Stadt weht unvermittelt ein Parfümduft an ihnen vorbei: Mama! Sie roch auch immer so, als Sie klein waren und sich auf ihrem Arm einkuschelten.

Gerüche sind überhaupt starke Gefühls-Träger: Bestimmte Essens-, Blumen- oder Waschmittel-Düfte rühren an Ihren Erinnerungen. Es können aber auch Geräusche sein, Melodien, Stimmen, Alltags-Geräusche: Das Brummen von Sportflugzeugen klingt nach Sommer. Der Gesang des Chores im nahen Dom erinnert Sie an die Messen, die Ihre Oma früher mit Ihnen besuchte. Und das helle Bellen des Nachbarshundes lässt Sie möglicherweise an Ihre Tante denken, bei der Sie oft die Wochenenden verbracht haben. Und wo der Hund bei Ihnen im Bett schlafen durfte.

Auch der Tastsinn spielt mit: Die Weichheit einer jungen Katze, der Genuss eines kuscheligen Handtuches auf blanker Haut, die Kühle eines gestärkten Hemdes ...

Oft sind es ganz frühe Kindheitserinnerungen. Sie haben sich in Ihnen festgesetzt und lösen nostalgische Gefühle aus. Genauer gesagt, bedienen sie sich an Ihrem Unterbewussten.

Das macht sie so mächtig. In Ihrem Unterbewussten sind alle Eindrücke gespeichert, die Sie je hatten. Nur ein winziger Bruchteil davon ist an der Oberfläche und somit abrufbar. Das hat die Gehirnforschung längst bestätigt.[64] Solche Erinnerungen holen lange vergessene Gefühle wieder aus Ihrer verschlossenen Schatzkiste des Unterbewussten. Sie können diese Gefühle für sich abrufbar machen, indem Sie einen symbolischen Anker setzen. Einen Anker für Gefühle. Mit dem Anker können Sie diese Gefühle jederzeit ins Boot holen.

Das klingt wieder nach Hokus Pokus? Nein, das ist es ganz und gar nicht. Wenn Sie ein Buch lesen und darin einen hilfreichen Satz finden, stecken Sie ja auch einen Zettel zwischen die Seiten, um den Satz später wiederzufinden. Einen Anker zu setzen bedeutet letztlich nichts anderes.

---

[64] Zum Beispiel: Ap Dijksterhuis: Das kluge Unbewusste. Denken mit Gefühl und Intuition. Klett Cotta Verlag, Stuttgart 2010.

Die beschriebenen Gerüche sind zum Beispiel schon wirkungsvolle Anker. Wenn Sie sich die jeweiligen Gefühle jederzeit abrufbar machen wollen, müssen Sie also die entsprechenden Gerüche auf Vorrat haben. Mit manchen Gerüchen kann das natürlich schwierig werden. Etwa, wenn es der Geruch von Kohlrouladen ist. Die können Sie ja nicht jeden Tag essen. Doch trösten Sie sich: Wenn Sie solch einen Anker zu oft verwenden, nutzt er sich sowieso ab. Gehen Sie also sparsam damit um. Freuen Sie sich, wenn Ihnen beim Sonntags-Spaziergang unvermittelt der geliebte Geruch um die Nase streicht. Dann fangen Sie ihn ein und halten die positiven Gefühle für eine Weile fest. Und ansonsten behelfen Sie sich vielleicht mit einem Foto? Oder einem Bild aus dem Kochbuch? Andere Gerüche lassen sich leichter einfangen. Zum Beispiel ein Parfum. Auch, wenn Sie selbst es gar nicht benutzen. Spricht etwas dagegen, sich ein kleines Pröbchen zu besorgen und ab und zu daran zu schnuppern? Oder ab und zu Omas Waschmittel zu benutzen? Vielleicht nur für die Bettwäsche. Dann ist es immer wieder ein Genuss, wenn die Decken frisch bezogen sind. Sie sehen, es geht so einiges. Ihnen wird schon etwas einfallen.

Mit Geräuschen und anderen Ankern geht es ebenso. Alltagsgeräusche oder Stimmen können Sie aufnehmen, etwa mit dem Handy. Musik lässt sich besorgen. Das Internet bietet eine schier unendliche Fülle. Lassen Sie einfach Ihre Fantasie frei!

Wenn Sie einen solchen Anker verwenden, zum Beispiel ein bestimmtes Lied hören, dann tauchen die damit verbundenen Gefühle automatisch wieder auf. Sie sind ja verankert. Ihr Bewusstsein ist an einer bestimmten Stelle mit Ihrem Unterbewussten verbunden.

Und diese Verbindung verschafft Ihnen Zugang. Sie ist wie ein Schlüssel in Ihr tiefstes Inneres.

Nutzen Sie das Anker-Phänomen jetzt ganz bewusst: Wenn Sie etwas Positives erleben, dann können Sie die damit verbundenen Gefühle "markieren". Am einfachsten ist es, sich ein körperliches Hilfsmittel zu nehmen. Sie können dann zum Beispiel zwei bestimmte Finger zusammenpressen. Oder sich aufs Ohrläppchen drücken, die großen Zehen auf den Boden pressen – letztlich ist es egal, was Sie tun. Es sollte nur etwas sein, das Sie nicht sowieso ständig tun. Wenn Sie nun irgendwann die positiven Gefühle abrufen wollen, führen Sie einfach diese Anker-Bewegung aus. Ihr Unterbewusstes hat bereits für Sie gearbeitet und diese beiden Dinge verkoppelt. Versuchen Sie es!

Alternativ können Sie sich auch ein Symbol ausdenken. Dieses können Sie auf einen Zettel malen und im Portemonnaie bei sich tragen. Oder irgendwo an die Wand hängen. Oder an den Rückspiegel im Auto hängen, über den Herd, auf den

Kalender im Flur kleben ... Sie werden schon wissen, wo es passt!

Jetzt können Sie sich so oft Sie wollen die positiven Gefühle in Ihren Alltag holen. Sie haben eine direkte Verbindungslinie zu Ihrem Unterbewusstsein erschaffen. Wenn das keine Bereicherung ist!

**4.1.3 Vorsicht – Enterhaken!**

Einen Haken hat die Sache mit den Ankern allerdings: Andere können das auch. Schauen Sie sich mal bewusst um, wie Sie von Ihrer Umwelt beeinflusst werden! Das beste Beispiel ist die Werbung. Etwa der Frischkäse mit der Almwiese auf der Packung. Mit Sicherheit haben die meisten Kühe, die Milch für diesen Käse geliefert haben, nie eine Alm gesehen. Trotzdem haben Sie ein besseres Gefühl, wenn Sie diese Packung kaufen. Besser, als wenn Sie eine graue Dose nehmen, auf der nur der Name des Käses steht. Es kann derselbe Käse darin sein. Es kann sein, dass Sie das sogar wissen. Trotzdem greifen Sie zu der Packung mit der Almwiese. Warum? Weil die Werbe-Leute bei Ihnen einen Anker gesetzt haben. Besser gesagt, sie haben einen Enterhaken geworfen: Almwiese = gesunde Milch = besserer Käse. Das funktioniert auch wider besseres Wissen. Kaufen Sie etwa nicht lieber das Waschmittel, das in der Werbung porentiefe Reinheit verspricht? Die

Pralinen, die die allergrößte Cremigkeit suggerieren? Die Chips, die eine "Sensation" beim Knuspern sein sollen?

Eigentlich wissen wir alle, dass wir von der Werbung manipuliert werden. Sie funktioniert trotzdem. Weil wir den Glücks-Erlebnissen hinterherjagen. Wir alle sind Glücks-Junkies. Dafür lassen wir uns dann auch gern ein wenig beschummeln.

Dennoch kann es nicht schaden, sich dies immer wieder bewusst zu machen. Man kann eine Menge Geld sparen. Und trotzdem genießen. Und es gibt ja auch noch andere Produkte, die weit mehr ins Geld gehen als Chips oder Käse. Autos etwa. Oder Versicherungen. Schauen Sie also genau hin. Ich sage nicht, dass Sie sich nicht auch ein wenig Illusion kaufen dürfen. Aber besser ist, Sie tun es wenigstens bewusst. Das erspart so manche Enttäuschung.

### 4.1.4 Ihre kleine Schatzkammer des Glücks

Sie wissen nun, was ein Anker ist und wie man ihn bewusst setzt. Das ist eine gute Voraussetzung, um glückliche Momente und Gefühle in schlechtere Zeiten zu transportieren und sich so zu motivieren. Es geht aber noch besser: Legen Sie sich einen Vorrat an!

Sie haben sich bereits Gedanken darüber gemacht, wo Ihre unterbewussten Anker liegen. Die, die schon früh geprägt wurden. Wie beispielsweise das Waschmittel Ihre Großmutter. Oder das Parfüm Ihrer Mutter. Ich schlage Ihnen also eine weitere Liste vor: Eine Liste Ihrer unterbewussten Anker. Ihrer Glücksmomente. Die können Sie dann abarbeiten und sich die entsprechenden Dinge, Gerüche, Bilder beschaffen. Horten Sie diese an einem festen Ort.

Das kann ein Karton sein, ein Schrankfach, eine Zimmerecke. Oder Ihr Gartenhaus im Schrebergarten. Egal. Wichtig ist, dass Sie jederzeit darauf zugreifen können. Und die angenehmen Gefühle aufrufen können, wenn Sie sie brauchen. Oder einfach nur ein wenig Genuss tanken wollen. Dieser Ort ist ab sofort Ihre kleine Schatzkammer des Glücks.

Und so ganz nebenbei: Hier ist auch Ihr Erfolgs-Tagebuch gut aufgehoben. Sie erinnern sich? Ich habe es Ihnen in Kapitel 1.5 *(Neue hundert Prozent – jetzt!)* nahe gelegt.

### 4.1.5 Schweinehunde nehmen immer den kürzesten Weg

Sie kennen das: Sie haben sich etwas vorgenommen. Zum Beispiel Sport. Ab sofort wollen Sie sich jeden Tag bewegen. An der frischen Luft. Nur heute ... regnet es leider. Und es ist ziemlich windig. Sie bleiben also auf dem Sofa. Sie können ja auch morgen anfangen.

Die Argumente, warum Sie zu Hause bleiben, sind nur auf den ersten Blick rational: Sie könnten sich erkälten. Sie könnten ausrutschen und sich verletzen. Und dann könnten Sie ja keinen Sport mehr machen ... Wirklich? Genauer betrachtet ist die Gefahr eher gering. Wenn Sie bei Regen Sport treiben, werden Sie nass. Beim Duschen aber auch. Und da werden Sie auch nicht krank. Und ausrutschen können Sie in der Dusche noch viel leichter als auf der Straße. Was also ist der wirkliche Grund, weshalb Sie zu Hause bleiben?

Natürlich haben Sie einen guten Vorsatz gefasst. Sport ist gesund und hält auch geistig fit. Aber Sie haben eben noch nicht begonnen. Ihrem Körper (und auch Ihrem Unterbewusstsein!) ist die Erfahrung, auf dem Sofa zu sitzen, viel näher. Ihr Unterbewusstsein kennt die Vorzüge: Es ist warm, gemütlich und absolut gefahrlos. Und es ist schon da! Die Vorzüge des Sports muss Ihr Unterbewusstsein erst noch erfahren. Die ersten Erfolge und die dazugehörigen Glücksmomente. Die angenehm warme und entspannende Dusche danach. Der leckere Salat und der Saft, die Ihre Energiespeicher wieder auffüllen. Und: Das schöne Sofa, auf das Sie jetzt sinken können. In dem Wissen, dass Sie es sich mehr als verdient haben.

Rein rational betrachtet ist es also ziemlich dumm, zu Hause zu bleiben. Aber scheinbar ist da etwas stärker als Sie. Etwas

Unterbewusstes. Man nennt das auch den "inneren Schweinehund", wenn das Unterbewusste Sie "überredet", etwas nicht zu tun. Der Faulheit nachzugeben. Statt sich selbst einen kleinen Kick zu verschaffen.

Der innere Schweinehund aber ist ein Lügner: Er redet Ihnen Gefahren ein, die nicht wirklich existieren. Oder nicht relevant sind.

Zwar besteht rein statistisch gesehen durchaus die Chance, dass Sie sich beim Sport eine Verletzung zuziehen. Aber sind kneifende Hosen, ein schlapper Kreislauf und verfettete Blutgefäße denn tatsächlich besser? Wohl kaum. Mal ganz abgesehen von dem schlechten Gewissen und dem unangenehmen Gefühl, wieder einmal zu schwach gewesen zu sein. Und Sie wissen es ja längst besser. Hier siegt also der innere Schweinehund über Ihre Intelligenz. Wollen Sie sich das wirklich gefallen lassen?

Gebot der Stunde ist also, den inneren Schweinehund zu besiegen. Egal, ob es um Sport geht oder etwas völlig anderes. Es geht immer noch um Ihre Ziele. Und darum, dass Sie sie erreichen. Ohne, dass ein innerer Schweinehund Sie ausbremst.

Wie macht er das eigentlich? Es ist ganz banal: Er wirft den Anker aus. Nach Ihren Glücksgefühlen. Er will nämlich nichts anderes als Sie auch. Er ist ja Teil Ihres Unterbewussten, also Teil von Ihnen. Er ankert genau die Glücksgefühle, die am schnellsten zu erreichen sind. Warum sollte er sich auch anstrengen, wenn es leicht geht. Schauen Sie sich das Beispiel oben noch einmal an. Sie wissen bereits, was da der Anker ist. Richtig – Ihr Sofa! Der innere Schweinehund weiß, wie schnell Sie sich dort wohl fühlen. Also sorgt er dafür, dass Sie nichts tun, was Sie davon abhält. Sie selbst wissen aber genau, dass das zu kurz gedacht ist.

Sie sind klüger als er. Also müssen Sie ihn überlisten. Er muss denken, dass das Sofa Ihnen dann ganz besonders gut tut, wenn Sie vorher Sport gemacht haben. Er muss denken, dass vor allem der Sport Ihnen gut tut. Er muss wollen, dass Sie Sport machen. Sie müssen ihn sozusagen umprogrammieren.

Dazu müssen Sie in Vorleistung gehen. Sie müssen den ersten Schritt in Richtung Ziel machen. Und sich erste Erfolgserlebnisse verschaffen. Wenn Sie klein anfangen und nicht zu viel erwarten, klappt das. Auch wenn Sie die meiste Zeit darauf verwenden, sich in Ihre Sportklamotten zu schälen und die Schuhe zuzubinden – Sie haben angefangen! Ein erster Erfolg! Mit dem Glücksgefühl, das Sie aus diesem Erfolg mitnehmen, setzen Sie sich auf Ihr Sofa. Sie programmieren Ihr Unterbewusstes damit um: Das Sofa ist nun die Belohnung für Sport. Und schon haben Sie einen Anker ausgeworfen. Und einen anderen gelöst, den Ihr innerer Schweinehund für Sie gesetzt hatte. Gut gemeinter, aber fälschlicherweise.

Natürlich ist das nicht das Geheimrezept, das Sie von jetzt an immer fleißig Sport treiben lässt. Dranbleiben müssen Sie trotzdem. Wie das geht, haben Sie ja in Kapitel 3.4 *(Scheitern ist gut – Dranbleiben!)* erfahren. Und wenn es mal nicht klappt? Dann programmieren Sie den Schweinehund eben noch einmal um! Er wird sich nicht allzu sehr wehren.

Er ist ja Teil von Ihnen und will nur Ihr Bestes! Und wenn Sie ihm immer einen Schritt voraus sind (in Vorleistung gehen), wird er brav hinter Ihnen her trotten.

Und, keine Sorge: Ihnen wird Ihr Sofa nicht verleidet, wenn Sie nicht jedes Mal vorher eine Stunde sportlich sind! Vergessen Sie nicht: Sie sind die Person, die über Ihr Leben entscheidet. Auch darüber, wie und wo Sie sich wohl fühlen. Ein Anker ist hier nichts anderes als ein Hilfsmittel, öfter das zu tun, was Ihnen gut tut – aber manchmal schwer fällt.

### 4.1.6 Bitte lächeln!

Es wird Zeit für ein paar kleine Tricks, wie Sie sich den Alltag auf dem Weg zum Ziel erleichtern können. Motivations-Tricks sozusagen. Haben Sie schon einmal eines der folgenden Szenarien erlebt: Sie sehen ein kleines Kind grinsen – und grinsen unwillkürlich mit. Dabei kennen Sie gar nicht den Grund. Oder Ihr Kollege gähnt herzhaft – und Sie tun dasselbe. Im Fernsehen weint eine Frau lautlos vor sich hin. Ihnen kommen ebenfalls die Tränen, obwohl Sie gerade erst eingeschaltet haben und gar nicht wissen, worum es geht.

Wir alle kennen solche Situationen. Warum reagieren wir so stark auf die Gefühle anderer? Wissenschaftler erklären dies komplizierter[65], aber letztlich spiegeln wir Gefühle. Weil wir soziale Wesen sind. Wir sind darauf gepolt, auf die Emotionen anderer mit eigenen Gefühlen zu reagieren, weil nur so das Zusammenleben funktionieren kann. Diesen Mechanismus können Sie für sich nutzen. Denn er funktioniert auch, indem Sie Ihre eigenen Gefühle spiegeln. Selbst dann, wenn sie gar nicht echt sind.

Schauen Sie einmal in den Spiegel. Lächeln Sie sich an. Wenn Sie gerade keine Lust oder keinen Grund haben zu lächeln, dann ziehen Sie einfach nur die Mundwinkel hoch. Tun Sie einfach so, als ob Sie lächeln. Sie werden merken, dass es schnell immer leichter wird. Irgendwann lächeln Sie

---

[65] Anschaulich erklärt unter: https://www.dasgehirn.info/denken/im-kopf-der-anderen/spieglein-spieglein-im-gehirn?gclid=CKCm7vHnl8sCFasV0wodyLUKBA

wirklich. Und nein – das ist kein Zaubertrick. Ihr Unterbewusstes ist ganz einfach gepolt auf gute Laune, wenn sich Ihre Mundwinkel nach oben ziehen. Sie haben soeben einen Ihrer fundamentalen Anker gefunden.

Und Sie haben sich gerade selbst hypnotisiert.

Das klappt auch in anderen Zusammenhängen. Beispiel: Sie haben Sport gemacht. Und sich nicht vorher auf Ihr Sofa gesetzt. Sie sind natürlich stolz auf sich. Also: Loben Sie sich! Sagen Sie sich, wie toll Sie das gemacht haben! Sagen Sie es ruhig laut. Übertreiben Sie ruhig auch ein wenig. Klopfen Sie sich selbst auf die Schulter. Und dann noch auf die andere. Und spüren Sie nach, wie sich das anfühlt. Gut? Na also.

Und nein: Es ist kein Selbstbetrug, wenn das Lob von Ihnen selbst kommt. Wer sonst sollte besser wissen, was Sie geleistet haben? Und nebenbei halten Sie den Schweinehund damit fern. Er soll gar nicht erst auf die Idee kommen, das Sofa sei vielleicht doch die bessere Option. Nun wird er stattdessen dafür sorgen, dass Sie mehr Lob bekommen. Weil es Ihnen so gut tut. Viel besser als bloßes Faulenzen auf dem Sofa. Sie haben sozusagen Ihr Unterbewusstes umprogrammiert. Oder eben den Schweinehund.

### 4.1.7 Das Denken hat Pause

Sie wollen nun endlich ausprobieren, sich selbst in einen hypnotischen Zustand zu versetzen. Um bewusst eine Veränderung herbeizuführen. Vergessen Sie nicht, dass Sie das bereits gemacht haben *(siehe Kap. 4.1.6: Bitte lächeln!)*. Sie wissen also, dass Sie es können.

Grundlage jeder Hypnose ist, dass Sie Ihre Gedanken aussperren. Sie stören nur. Hypnose ist idealerweise ein Zustand ohne jegliche Gedanken. Ja, das geht! Der Trick dabei ist ganz einfach – und Jahrtausende alt: Sie müssen sich auf etwas Bestimmtes so stark konzentrieren, dass Sie gar nichts anderes mehr denken können.

Dazu gibt es wieder hunderte verschiedene Möglichkeiten. Sie können Ihren Blick auf etwas konzentrieren. Ein Pendel, einen Punkt an der Wand, ein Wasserglas, was auch immer. Hauptsache, es bewegt sich nicht – oder sehr monoton. Wie das Pendel. Setzen Sie sich aufrecht, aber bequem hin und starren Sie das Motiv an. Konzentrieren Sie sich darauf. Halten Sie Ihren Blick fest auf dem Motiv. Wenn es sich bewegt – wie das Pendel – folgen Sie ihm mit dem Blick. Selbst, wenn Sie versuchen, sich auf die Umgebung zu konzentrieren, wird Ihnen das nicht gelingen, solange Sie das Motiv anstarren. Ihre Gedanken können sich gar nicht mit etwas anderem befassen, wenn Ihr Blick sich so intensiv auf das Motiv konzentriert. Ihre Aufmerksamkeit ist fokussiert. Ihre Gedanken räumen das Feld. Ganz von selbst.

Ebenso können Sie sich eine Art "Stopp-Symbol" für Ihre Gedanken schaffen. Das kann ein Geräusch sein, zum Beispiel der Gong einer Klangschale. Stellen Sie sich vor, wie das Geräusch die Gedanken auslöscht. Der verwehende Klang nimmt Sie einfach mit. Je öfter Sie das tun, desto besser wird Ihr Unterbewusstes diese neue Verbindung (diesen Anker!) erkennen.

Es wird das Signal immer schneller umsetzen, Ihre Gedanken von Mal zu Mal schneller ausschalten. Irgendwann reicht vielleicht auch allein die Vorstellung des Gongs, um Ruhe in Ihren Kopf zu bringen.

Versuchen Sie es einmal mit Ihrer Atmung: Ihre Atmung ist etwas, auf das Sie sich normalerweise nicht konzentrieren. Sie funktioniert ja von selbst. Suchen Sie sich einen ruhigen Ort und legen Sie sich hin. Schließen Sie die Augen. Spüren Sie einfach nur, wie der Atem in Ihre Nase einströmt, wie er sich in den Lungen ausbreitet, wie er durch die Luftröhre wieder zurückströmt und warm aus Ihrer Nase wieder austritt.

Nun stellen Sie sich vor, wie der Sauerstoff in Ihrem Blut auf die Reise geht: Durch die Nase hinein, durch die Luftröhre, dann verteilt er sich in der Lunge. Dort geht er ins Blut über. Nun folgen Sie dem Blut. Das Blut strömt zu Ihrem Herzen, das ihm neuen Schwung gibt. Dann verteilt es sich im Körper. Fließen Sie mit. Durch die Bauchorgane, die Hüfte, durch den Oberschenkel. Nun wird es etwas enger. Sie fließen durch das Knie, dann hinter dem Schienbein herunter, bis ins Fußgelenk. Schließlich bis in die Zehenspitzen. Dort macht das Blut kehrt. Folgen Sie ihm auf dem Weg zurück zu den größeren Blutgefäßen, bis zur Lunge. Dort gibt es Kohlendioxid an die Lunge ab. Es lädt quasi den Müll ab. Spüren Sie nach, wie die Luft nach draußen strömt. Wie der Müll entsorgt wird. Fühlen Sie sich schon ein bisschen frischer?

Sie können sich auch vorstellen, dass Sie positive Energie einatmen, die Ihren Körper durchströmt. Und alles Negative atmen Sie am Schluss mit aus. Oder Sie stellen sich vor, dass Sie Wärme einatmen. Verteilen Sie sie in Ihrem Körper. Atmen Sie am Schluss die Kälte aus. Letztlich können Sie dies mit allen möglichen Assoziationen verbinden. Atmen Sie Zuversicht ein – und Zaudern aus. Atmen Sie Mut ein – und die Ängste aus. Was immer Ihnen gut tut. Wie man das nennt? Das sind sogenannte "Suggestionen". Und somit sind Sie schon ganz tief drin im Thema "Selbst-Hypnose". Sie können sich selbst in diesen Zustand versetzen und ihn effektiv nutzen. Ganz egal, wie Sie sich in den Zustand der Gedankenfreiheit versetzen – Sie können nun immer positive Ergebnisse für sich erzielen. Sie können sich mit Suggestionen Gutes tun. Und sich motivieren für den Weg zu Ihrem persönlichen Ziel.

### 4.1.8 Suggestionen

Sie wissen nun, wie Sie sich in einen hypnotischen Zustand versetzen können. Zugleich bringen Sie durch positive Vorstellungen Ihr Unterbewusstes auf Erfolgskurs.

Sie können den Effekt verstärken, indem Sie sich eine Handvoll an hilfreichen Suggestionen in Form von wohl formulierten Sätzen zurechtlegen. Diese können Sie dann in ruhigen Momenten – mit Hilfe von (Selbst-)Hypnosetechniken – einsetzen. Sie schaffen sich also eine Art Handwerkszeug zum Glücklich-Sein. Zum Erfolg-Haben.

Genau wie bei der Formulierung Ihrer Ziele kommt es auch hier darauf an, dass die Worte sinnvoll gewählt sind. Angenommen, es geht immer noch darum, dass Sie Sport machen. Es nutzt wenig, wenn Sie Ihrem Unterbewusstsein suggerieren: "Ich mache ab jetzt mehr Sport!" Stellen Sie sich Ihr Unterbewusstsein als Person vor. Was würde es antworten: "Hä? Was denn für einen Sport? Wie viel? Wann? Wie oft?

Wie lange? Und warum?" Kurz: Es ist nicht überzeugt. Zu viele Fragen. Zu ungenau. Besser wäre: "Ich gehe jeden Tag eine halbe Stunde joggen, bevor ich mich auf das Sofa setze." Besser, ja – aber nicht perfekt. Es bleiben zu viele Fragen offen: Wann fangen Sie damit an? Was ist, wenn es regnet? Was ist, wenn Sie keine Lust haben? Sie sehen, ein wenig Sorgfalt ist nötig.

Ein Vorschlag: Bauen Sie einen kleinen Motivationsschub direkt mit ein! Etwa: "Ich laufe voller Genuss ..."

Formulieren Sie außerdem immer im Jetzt: "Ich laufe ...", nicht: "Ich werde laufen". Dann kann Ihr Unterbewusstsein sich nicht rausreden. Unterlassen Sie Verneinungen: "Ich werde nicht mehr auf dem Sofa sitzen, bevor ...". Allein die Nennung des Sofas macht Lust, sich dort niederzulassen. Seien Sie so präzise wie möglich: "Ich laufe ab sofort jeden Tag voller Genuss um den Stadtpark." Nun haben Sie eine positive Erwartung – den Genuss. Falls Sie mal einen Tag aussetzen, weil Sie krank sind, gilt der Satz danach immer noch genauso. Denn "jeder Tag" ist danach dasselbe. Und falls Sie ein schlechtes Gewissen haben, weil Sie ausgesetzt haben, ändert sich das, wenn Sie Ihre Suggestion anwenden. Denn dann empfinden Sie Genuss, nicht mehr das schlechte Gewissen. Und statt sich eine feste Zeit vorzuschreiben, haben Sie sich eine feste Strecke ausgesucht. Eine, die nicht zu viel verlangt. Die Ihnen Spaß macht. Wo es etwas zu sehen gibt, die Abwechslung verspricht. Und Natur. So haben Sie jeden Tag das Erfolgs-Erlebnis, die Strecke bewältigt zu haben. Und wenn Sie einmal mehr wollen, können Sie noch einen draufsetzen. Und den Park zweimal umrunden. Was meinen Sie, wie gut sich das Sofa dann erst anfühlt!

Fazit: Lassen Sie sich Zeit, Ihre Suggestionen zu formulieren. Und dann wenden Sie sie an, so oft Sie wollen.

Wo immer Sie wollen. Wann immer es passt. Was spricht dagegen, auf einer unruhigen Busfahrt zum Arzt die Sitzlehne vor Ihnen anzustarren und in Gedanken eine Suggestion zu sprechen? Zum Beispiel: "Ich lege ab sofort alle meine Wege mit Leichtigkeit zurück." Diese Suggestion ist nicht nur für Busfahrten geeignet. Sie ist sozusagen multi-funktional. Es kann nicht schaden, sich ein paar von solchen Suggestionen zuzulegen, die vielseitig einsetzbar sind. Zum Beispiel: "Ich treffe ab jetzt alle meine Entscheidungen leicht und sicher."

Probieren Sie es einmal aus.

## 4.2 Glaubens-Sätze und Glaubens-Systeme

*"Die Definition von Wahnsinn ist,*
*immer das Gleiche zu tun*
*und ein anderes Ergebnis zu erwarten!"*

Albert Einstein (1879-1955)[66]

Sie haben nun erfahren, dass und wie Sie Ihr Unterbewusstes programmieren können. Manche Angewohnheiten oder Denkweisen lassen sich recht leicht ändern, andere hingegen sitzen tiefer. Diese sind oft schon in der Kindheit entstanden.

Angenommen, Ihre Mutter hat Ihnen jeden Tag erzählt, wie schön Sie sind. Dass Sie überhaupt die Schönste von allen sind. Das ist so lange eine positive Bestärkung, wie Sie das glauben können. Wenn Sie aber in der Pubertät von Pickeln übersät sind, eine Zahnspange tragen, dick und unsportlich sind, dann glauben Sie Ihrer Mutter nicht mehr. Eher wird deren Lob das Gegenteil bewirken. Denn wenn sie das immer wieder beteuern muss, auch wenn es offensichtlich nicht stimmt, dann muss es ja wirklich arg sein! Dann wächst in Ihnen der Glaubenssatz: Ich bin hässlich. So hässlich, dass man es nicht einmal aussprechen mag. Je mehr Sie dies glau-

---

[66] Deutscher Physiker, Begründer der Relativitäts-Theorie.

ben, desto mehr wird Ihr Spiegelbild Sie bestätigen. Sie erwarten ja auch nichts anderes mehr ...

Eine meiner Freundinnen sagte von sich, sie habe ein sehr schwaches Bindegewebe. Schon als Kind habe sie Einlagen in den Schuhen getragen. Und sie habe sehr viel Krankengymnastik machen müssen, da sie einen Hang zum Hohlkreuz habe. Auch zum Ballett musste sie – um das Bindegewebe zu stärken. Zu Hause musste sie jeden Abend Kraft-Training machen. Rückenprobleme erklärte sie sich später logischerweise mit ihrem schlechten Bindegewebe. Ebenso, wenn sie mit dem Fuß umknickte. Kein Wunder, wenn das Gewebe die Gelenke nicht hält! Viele Sportarten vermied sie von vornherein. Dann wurde sie irgendwann schwanger. Sie bekam sogar zwei Kinder direkt nacheinander. Sie sah aus wie ein Medizinball auf Beinen, da sie so zart gebaut war. Beide Kinder stillte sie. Nach beiden Geburten dauerte es keine Woche, dann war sie schlanker als zuvor. Der Bauch war wieder glatt wie eh und je. Auch nach der zweiten Schwangerschaft in Folge ...

Diese inneren Überzeugungen nennt man auch Glaubens-Sätze. Es sind Sätze, die Sie begleiten und denen Sie glauben. Sie machen Ihr Selbstbild aus. Sie lenken Ihr Handeln und Ihre Entscheidungen. Jemand, der mit dem Glaubens-Satz durchs Leben läuft, er sei nichts wert, wird nicht gerade Bundeskanzler werden. Er wird nicht einmal vor Ort in die Fraktion gewählt werden. Er traut es sich ja selbst nicht zu. Warum also sollte man ihn wählen? Eine Frau, die sehr groß ist und den Glaubens-Satz in sich trägt, dass Männer Frauen bevorzugen, die kleiner sind als sie, wird eher keinen Mann finden. Oder sie wird ihren Partner nach der Größe aussuchen und nicht nach den inneren Werten. Das kann gehörig in die Hose gehen ...

In der Regel ergänzen sich die Glaubens-Sätze gegenseitig. Wenn die Person aus dem ersten Beispiel glaubt, sie sei hässlich, glaubt sie vielleicht auch, sie sei nicht liebenswert. Dann liegt es nicht fern, zu glauben, dass die Freunde, die sie hat, sie nicht wirklich mögen. Sondern dass sie sie nur ausnutzen. Und sicher wird diese Person misstrauisch sein, wenn sich jemand in sie verliebt. Vielleicht geht sie auch nicht gern in die Öffentlichkeit. Und redet sich deswegen ein, sie sei gern zu Hause und schreibe Kurzgeschichten. Was denken Sie – wird sie ihre Geschichten erfolgreich veröffentlichen?

Wenn so viele Glaubens-Sätze ineinander verflochten sind, kann man auch von ganzen "Glaubens-Systemen" sprechen. Am Beispiel erkennen Sie, wie sehr ein solches Glaubens-System Sie behindern kann. Sogar ein einzelner Glaubens-Satz hindert Sie an so vielem, was Ihnen vielleicht gut tun würde! Es macht also Sinn, sich einmal genauer anzuschauen, was für Glaubens-Sätze Sie mit sich herumschleppen. Dazu stellen Sie sich Fragen: Habe ich meine Wünsche erfüllt oder es zumindest versucht? Bin ich akute Probleme angegangen? Hätte ich nicht schon längst ... Habe ich den Mut gefasst ...? Die Antworten – sofern Sie ehrlich mit sich sind – liefern Ihnen Ihre Glaubens-Sätze auf dem Silbertablett.

Und nun? Was tun, wenn Sie festgestellt haben, dass ein hinderlicher Glaubens-Satz Ihnen alle möglichen Wege verstellt? Denken Sie an die Suggestionen: Formulieren Sie einen Gegenentwurf zu Ihrem Glaubens-Satz!

Lautet der Glaubens-Satz: "Ich bin schwach", dann setzen Sie dagegen mit: "Ich werde von Tag zu Tag stärker und sicherer". Lautet Ihr Glaubens-Satz: "Ich bin zu krank, um einen Partner zu finden", dann setzen Sie dagegen: "Ich bin es jederzeit wert, dass man mich liebt – so, wie ich bin."

Seien Sie so offen, wie Sie nur können. Halten Sie die Augen offen nach Ihren negativen Glaubens-Sätzen. Immer, wenn es nicht weitergeht, sind Sie mit großer Wahrscheinlichkeit auf einen dieser Sätze gestoßen. Horchen Sie in sich hinein. Machen Sie den Satz dingfest. Und dann setzen Sie einen neuen positiven Glaubens-Satz dagegen. Es ist Ihr Unterbewusstes, das Sie da irreleitet! Also ist es auch Ihre Entscheidung, eine Umleitung einzurichten. Oder besser noch: Eine Abkürzung.

Doch lassen Sie mich noch einmal auf Ihre Situation zurückkommen: Auch hier verstecken sich Glaubens-Sätze, die Sie behindern. Möglicherweise mehr noch als Ihre Symptome. Die meisten meiner Klienten unterliegen Glaubens-Sätzen wie: "Die Kasse bewilligt mir die gewünschten Maßnahmen sowieso nicht". Oder: "Die Versicherung zahlt ja eh nicht." Wenn man nachfragt, woher diese Überzeugungen kommen, wird nicht selten auf Foren im Internet verwiesen.

Die gibt es wie Sand am Meer. Und alle sind sie voll von Beschwerden. Da muss also etwas dran sein. Doch Halt! Überdenken Sie kurz einmal den Sinn solcher Foren. Da teilen Menschen Ihre Probleme mit – in der Hoffnung auf Rat oder Mitleid. Sie sind auf der Suche nach Gleichgesinnten. Warum also sollte jemand in ein solches Forum schreiben: "Alles paletti! Die Kasse hat alles bewilligt und die Versicherung hat fix wie nix gezahlt!" So jemand hat längst Besseres vor. Denn er ist ja schon mindestens einen Schritt weiter. Was also soll er in diesem Forum?

Mein Rat lautet daher: Halten Sie sich von solchen Foren fern. Sie sind naturgemäß nicht positiv. Arbeiten Sie lieber an Ihren Glaubens-Sätzen. Etwa: "Alle Mittel, die für meine Heilung förderlich sind, werden mich erreichen." Denn dann gehen Sie viel zuversichtlicher und überzeugender in die

Verhandlung. Und haben viel eher Erfolg. Und halten sich zudem den Weg offen für Hilfen aus anderer Quelle. Denn dies ist ein multi-funktionaler Glaubens-Satz.

### 4.3 Stolz ist das Salz in der Suppe!

*"Der Stolz ist bei allen Menschen gleich.*
*Verschieden sind nur die Mittel und die Art,*
*ihn an den Tag zu legen."*

François VI., Herzog de la Rochefoucauld (1613-1680)[67]

Ich komme nun noch einmal auf ein Thema zurück, das oben bereits besprochen wurde: Es geht erneut um Stolz *(Kap. 1.3: Ihre Stärken – Die Sache mit dem Stolz)*. Um Ihren ganz persönlichen, verdienten Stolz, um genau zu sein. Sie haben, wenn Sie das Buch bis hierhin gelesen haben, ziemlich viel gelernt. Sicherlich haben Sie (mit oder ohne Buch) schon erste Schritte in Richtung Ihres Zieles zurückgelegt.

Sie könnten sich jetzt loben *(siehe Kap. 4.1.6: Bitte lächeln!)*. Oder ein Zielbad nehmen, um sich weiter auf Erfolg zu polen *(Kap. 3.3.7: Zielbaden)*. Vor allem aber können Sie stolz sein

---

[67] Französischer Schriftsteller und Moralist.

auf jeden einzelnen Schritt, den Sie geschafft haben. Denn wenn diese Schritte keine Hürde gewesen wären, würden Sie es nicht als Erfolg verbuchen, sie gegangen zu sein.

Immer wieder aber stelle ich fest, dass die Menschen, die ich begleite, nicht stolz sind auf das, was sie leisten. Manche kommen gar nicht erst auf die Idee. Andere versagen sich das Gefühl des Stolzes ganz bewusst. Warum?

Schauen Sie einmal bewusst hin: Ist es nicht wiederum ein Glaubens-Satz, der dahinter steht? "Stolz ist überheblich" vielleicht, oder: "Stolz kann ich mir in meiner Situation nicht leisten"? Und immer wieder begegnen mir Glaubens-Sätze wie: "Warum sollte ich stolz sein? – Andere (Gesunde) schaffen mehr als ich". Nun, an dieser Stelle waren wir schon einmal. Denken Sie an Ihre Inventur. Überprüfen Sie noch einmal, was Ihre hundert Prozent sind. Und gehen Sie von diesen aus – nicht von den hundert Prozent anderer Leute *(Kap. 3.5: Ihre neuen hundert Prozent)*. Und dann stellen Sie sich die Frage noch einmal.

Vielleicht führen Sie noch kein Erfolgs-Tagebuch *(Kap 1.5: Neue hundert Prozent – jetzt!)*. Beginnen Sie jetzt damit! Die vielen Einträge, die sich darin ansammeln, werden Ihren Stolz schon nähren. Versprochen.

Und mal ehrlich: Gibt es eine bessere Motivation als Stolz? Was spricht also dagegen, dass Sie für sich eine Suggestion formulieren wie: "Ich bin stolz auf jeden meiner Schritte"? Eigentlich gar nichts, oder?

Und – setzen Sie dem Ganzen einfach mal die Krone auf: Feiern Sie Ihre Erfolge! Ob Sie das allein tun, indem Sie sich ein schönes Essen gönnen (auf dem Sofa ...), oder ob Sie diesen Moment mit einem guten Freund teilen – egal. Ob Sie sich eine Konzertkarte schenken, oder ob Sie Ihre Geschwister einladen und gemeinsam kochen – egal. Was immer Sie tun: Hauptsache Sie feiern sich. Und Ihre Erfolge. Denn Sie haben es verdient! Auch das ist übrigens ein Glaubens-Satz.

## 4.4 Motivations-Programme

*"Carpe diem"*[68]

Horaz (65-8 v. Chr.)[69]

Immer noch geht es um Motivation. Sie haben in diesem Kapitel schon viele Hinweise und Anleitungen erhalten, wie Sie

---

[68] "Nutze den Tag".
[69] Eigentlich: Quintus Horatius Flaccus, römischer Dichter und Philosoph.

sich selbst motivieren können. Um das Ganze zu vertiefen, hilft es, zu verstehen, wie Motivation funktioniert. Das ist nicht bei jedem Menschen gleich. Es ist typ-abhängig. Doch wenn Sie erst einmal herausgefunden haben, wie Motivation bei Ihnen funktioniert, können Sie die Methoden, die Sie gelernt haben, noch besser an sich anpassen. Oder noch bessere finden. Ich präsentiere Ihnen ein paar Beispiele. Sie machen deutlich, nach welchen inneren Programmen Menschen sich motivieren lassen. Oder auch gerade nicht. Sie kennen die Personen, die darin vorkommen, schon aus den vorigen Kapiteln.

**4.4.1 Hering oder Stier?**

Nadja Simmersdorf *(siehe Kap. 1.1.7: Nadja Simmersdorf wechselt die Blickrichtung)* hatte ihren schweren Unfall gerade erst wenige Wochen hinter sich. Sie lag immer noch im Krankenhaus und haderte mit ihrem Schicksal. Die Ärzte machten ihr nicht gerade viel Hoffnung auf Heilung. Sie jedoch hatte große Pläne. Sie erinnern sich: Trennung vom Partner, die Kinder allein erziehen, zurück in die eigene Wohnung. Was sie regelrecht in Rage brachte, war der Satz: "Ich glaube, das schaffen Sie nicht ...". Und dieser Satz war es letztlich auch, der sie antrieb, es erst recht zu versuchen. Nein, nicht zu versuchen: es zu schaffen! Und das hat sie ja auch. Nadja Simmersdorf verhält sich wie ein Stier, dem man ein rotes Tuch hinhält: Sie rennt darauf zu. Sie greift an. Sie kneift nicht. Sie denkt nicht einmal daran. Ihr Leitsatz ist: "Jetzt erst recht!"

Sie erinnern sich an Marianne Mertens *(siehe Kap. 1.1.6: Marianne Mertens ist wütend)*? Das war die Frau, die gegen alle wetterte: gegen die Krankenkasse, die Versicherung, die Ärzte. Letztere wollte sie sogar verklagen.

Und ihre Anwältin gleich mit. Doch als sie dann im Reha-Planungsgespräch saß, kam kein Wort über ihre Lippen *(siehe Kap. 2.3: Marianne Mertens schweigt)*. Sie konnte sich nicht gegen andere durchsetzen. Da half alle Wut und Verzweiflung nichts. Lieber nahm sie hin, was die anderen über sie bestimmten. Sie schwamm wie ein Hering in der Masse mit und fiel nicht auf. Und genau das ist ihr Leitsatz: "Hauptsache: nicht auffallen!"

Horchen Sie in sich hinein: Sind Sie eher Hering oder eher Stier?

Wenn Sie ein Stier sind, gestalten Sie Ihre Herausforderungen so, dass Sie sich daran die Hörner abstoßen können. Sie brauchen scheinbar Widerstand. Hürden. Sie sind eine Kämpfernatur. Doch wenn Sie die ersten Hürden genommen haben, horchen Sie doch noch einmal in sich hinein: Was sind Ihre Glaubens-Sätze? Stellen Sie sich Fragen. Fragen Sie sich aus.

Was steckt dahinter, dass Sie es sich so schwer machen? Denn, wenn Sie dies herausfinden, können Sie das gleiche Ziel vielleicht mit weit weniger Kraftaufwand erreichen. Es ist nichts Schlechtes daran, sich ab und zu mit der Masse treiben zu lassen. Es entspannt. Man ist nicht allein. Man spart Kraft. Und solange Sie die Richtung halten, ist doch alles okay, oder?

Oder sind Sie doch eher ein Hering?

Dann sind Sie jemand, der einen leichten Weg sucht. Der sich mit dem Strom treiben lässt. Das ist eigentlich ziemlich schlau. Zumindest sehr ökonomisch. Bestimmt sind Sie auch ein guter Team-Player. Nur manchmal treibt man eben mit den anderen in die falsche Richtung. Machen Sie sich deswegen Ihr Ziel klar. Und verlieren Sie es nicht aus dem Auge. Und schauen Sie einmal hin, welche Glaubens-Sätze Ihrem Verhalten zugrunde liegen. Weshalb Sie sich nicht trauen, aus der Reihe zu tanzen. Warum Sie nicht auffallen mögen. Nicht widersprechen, auch wenn es einmal Not täte. Wenn Sie dies herausfinden, können Sie vielleicht ab und zu den Mut aufbringen, sich vom Schwarm zu trennen und einen eigenen Weg auszuprobieren. Der Schwarm ist deswegen ja noch lange nicht weg. Vielleicht nehmen Sie ja sogar eine Abkürzung? Dann kommen die anderen von selbst wieder. Und staunen, was Sie da gerade geleistet haben.

## 4.4.2 Stürmer oder Abwehr?

Boris Guentel, den Mann mit dem Rollstuhl-Bike, habe ich Ihnen bereits mehrfach vorgestellt. Er ist der klassische Stürmer. Wenn er den Ball sieht, nimmt er ihn auf und rennt mit Vollgas aufs Tor zu. Und lässt nicht locker, bis das Runde im Eckigen ist. Und dann? Greift er erneut an. Das Wort "Aufgeben" gehört nicht zu seinem Wortschatz. Ziele scheint er sich nicht zu suchen – sie bieten sich ihm dar. Und zwar in Fülle. Auch er ist eine Kämpfernatur. Aber seinem Kampf liegt nicht der Satz "Jetzt erst recht" zugrunde, sondern: "Her mit dem Leben – und zwar mit dem ganzen!" Sein Kampf ist nicht verbissen, sondern spielerisch, sportlich. Er ist ein Erfolgs-Jäger. Und die Beute ist zugleich sein Antrieb für die weitere Jagd.

Wissen Sie noch, wie es Jens Fuchs erging? Er hatte einen schweren Unfall, der zur Folge hatte, dass er seinen Berufswunsch nicht mehr verfolgen konnte. Ich hatte ihm eine andere Ausbildung vermittelt. Doch nach einer Weile gab er sie auf und wollte sich in seinem Wunsch-Arbeitsbereich einen Job suchen. Auch wenn das gar keinen Sinn machte. Er lehnte jegliche rationale Hilfe ab. Alle Bälle, die man ihm zupasste, wehrte er ab. Er sah mich als Gegenspieler, nicht als Team-Kollegen. Und machte es sich somit unnötig schwer. Sein Blick war nur auf den Ball gerichtet, den er abfangen musste. Deswegen sah er auch nicht mein Trikot. Denn dann hätte er verstanden, dass ich für ihn kämpfte, nicht gegen ihn.

Und? Sind Sie eher Stürmer oder eher Abwehr?

Wenn Sie ein Stürmer sind, dann erst einmal Glückwunsch zu so viel Kraft! Und zu Ihrem Durchsetzungsvermögen. Und zu Ihrem Selbstvertrauen.

Davon könnte sich so mancher eine Scheibe abschneiden. Selbst, wenn Sie mal schlapp machen, geben Sie nicht auf. Sie kennen Mittel und Wege, Ihre Akkus aufzuladen. Das ist wunderbar und sehr wertvoll. Doch eines sollten Sie nicht vergessen: Manchmal platzen Akkus. Wenn man sie überlädt. Kennen Sie Ihre Grenzen? Ich bin mir sicher, das hören Sie nicht so gern. Grenzen sind zum Überschreiten da. Ist das Ihr Leitsatz? Dann schauen Sie immer gut hin, was sich hinter der jeweiligen Grenze befindet. Bevor Sie sie übertreten. Passen Sie gut auf sich auf.

Sie haben festgestellt, dass Sie doch eher Abwehr-Spieler sind? Auch gut! Dann haben Sie es immer gut im Blick, wenn eine Herausforderung an Sie herantritt. Das ist durchaus weise. Sie sind immer bereit, sich den Herausforderungen zu stellen, die Ihnen in den Weg treten. Sie achten dabei auf jeden Ihrer Schritte, damit Sie nicht ins Aus gelockt werden.

Doch ab und zu sollten Sie vielleicht einmal den Blick heben. Weg von Ihren Schuhen und hin in Richtung des Angreifers. Denn vielleicht ist es nur ein träger Läufer, kein aggressiver Stürmer. Dann können Sie Kraft sparen. Oder gleich abbiegen und sich einer sinnvolleren Herausforderung stellen. Für die Sie dann noch mehr Kraft übrig haben.

### 4.4.3 Regal oder Kiste?

Denken Sie noch einmal zurück an Christoph Lohmann. Bei dem ich erst einmal keinen Termin bekommen konnte, weil er schon so viele Termine hatte. An diesen Terminen hielt er sich fest – sie waren sein Aktionsplan. Seine Struktur. Sein Grundgerüst. Oder sollte ich es besser Korsett nennen? Deswegen durfte ich erst gar nicht daran rütteln. Zu Beginn benahm er sich wie einer, dem ich ein mühsam eingeräumtes, wohl sortiertes Regal umstürzen will. Erst als er begriff, dass ich ihm nur ein neues Ordnungssystem zeigen wollte, ließ er mich an das Regal. Manche Menschen brauchen solche Regale. Sie müssen alles, was ihnen gehört, immer gut geordnet und im Blick haben. Sonst verlieren sie die Kontrolle. Das ist auch ihr Leitsatz: "Hauptsache, die Kontrolle behalten!" Doch worüber eigentlich? Was ist denn alles drin in diesem Regal? Brauchen Sie das alles noch? Wirklich? Wann haben Sie zuletzt Inventur gemacht? Was gestern noch gut war, kann heute schon verdorben sein. Oder einfach nur sinnlos. Fazit: Misten Sie aus! Ballast abwerfen erleichtert! Und dass es leicht geht, wollen Sie doch auch, oder?

In Kapitel 1.1.4 *(Manchmal passiert auch nichts – und oft ist es zum Lachen)* habe ich Ihnen eine Mutter vorgestellt, deren Kind verunglückt war. Das war für sie ein derart traumatisches Ereignis, dass sie der Vorfall regelrecht verfolgte. Sie benötigte deswegen eine Therapie. Doch darauf musste sie lange warten. Quasi zur Überbrückung habe ich ihr den Trick mit der kleinen Ente vorgestellt. Sie nahm ihn bereitwillig an. Ich habe gewissermaßen in die große Kiste gegriffen und etwas herausgeholt, von dem ich annahm, es könne vielleicht helfen. Hätte ich weitere Dinge herausgeholt, hätte sie sicherlich auch diese ausprobiert. Es war ihr eigentlich egal, was ich da hervorzaubere – Hauptsache, es hilft. Fast alles kann helfen, wenn man ein wenig Vertrauen in die Sache hat. Mit einer gesunden Portion Offenheit kann ein einfacher Pappkarton zur Schatzkiste werden. Auch wenn sich darin alles übereinander stapelt. Man lässt sich einfach überraschen, was man als erstes greift. Und probiert es aus. Besser als Verzweifeln ist es allemal. Und ein erster Schritt ist es auch.

## 4.4.4 Wald oder Bonsai?

Wissen Sie noch, wer Karla Schimkowsky war? Das war die Mutter, deren Familie trotz der schweren Erkrankung der Mutter und Ehefrau so glücklich war. Sie meisterten nahezu alle Hürden mit einem Lächeln. Das lag auch daran, dass sie alle den Blick immer ganz weit geöffnet hatten. Dass sie offen waren für Hilfe aus jeglicher Richtung. Und dass sie zuversichtlich waren, dass sich für alles eine Lösung finden würde. Sie haben jeden kleinen Erfolg als Bestätigung aufgefasst und sich so immer wieder selbst bestätigt. So war auch die Vielfalt an Hilfen und Lösungen so zahlreich wie die Baumsorten in einem Wald. Sie hatten ein riesiges Areal an Möglichkeiten zu ihrer Verfügung. Sie konnten den ganzen Wald nutzen. Jede Baumsorte hat einen anderen Nutzen, trägt andere Früchte, hat einen anderen Brennwert, eine andere Wuchsdauer. Hätten sie sich von Anfang an auf Eichen festgelegt, wären die Optionen ziemlich eingeschränkt. Fazit: Vielfalt ist immer gut. Man muss ja nicht alles mitnehmen, was man geboten bekommt. Aber die Angebote zu prüfen kann nicht verkehrt sein, oder?

Manche Menschen halten es umgekehrt. Sie entscheiden sich für eine Option – und die ziehen sie durch. Egal, was kommt. Wie Ellen Kämmerer *(Kap. 1.1.3: Ellen Kämmerer mistet aus)*, die sich an all den Therapien festhielt, die ihr verschrieben worden waren. Sogar an denen, die ganz offensichtlich nichts brachten. Sie hat gar nicht gesehen, dass es noch mehr Möglichkeiten gab. Einen ganzen Wald an Möglichkeiten. Stattdessen knipste sie tagtäglich an ihrem Bonsai herum. Sie trimmte ihn regelmäßig. Weil man das so macht. Dass es aber auch große Bäume gibt, und solche, die blühen, und solche, die Früchte tragen – das hat sie alles gar nicht gesehen. Dabei hätten sie ihr vielleicht viel besser gefallen. Nicht, dass Sie mich falsch verstehen: Es ist nichts Falsches daran, einen Bonsai zu pflegen. Doch das darf eben nicht alles sein. Egal, auf was Sie sich gerade konzentrieren: Heben Sie ab und zu den Blick und schauen Sie sich um, was sonst noch so im Wald wächst.

### 4.4.5 Die Mischung macht's!

Bestimmt haben Sie sich in der einen oder anderen Beschreibung wiedergefunden. Vielleicht haben Sie sogar in sämtlichen Beispielen Anteile von sich erkannt. Das wäre nichts Ungewöhnliches. Und auch nichts, was Sie beunruhigen müsste. Wir alle sind verschieden in unseren Prägungen, Erfahrungen und auch in unserem genetischen Erbe. Die Erziehung spielt eine Rolle, und wo wir aufgewachsen sind. Und wie. Und wann. Somit tragen wir alle eine wunderbare, einzigartige Mixtur aus Eigenschaften in uns herum. Sie machen uns und unseren Charakter aus. Und auch die Art und Weise, wie wir mit dem Leben umgehen. Mit Herausforderungen beispielsweise. Wenn Sie sich also in mehreren der beschriebenen Motivations-Programme wiedererkennen, dann ist das nicht nur normal, sondern auch gut.

Denn es bedeutet, dass Sie nicht einseitig sind. Je vielfältiger Ihre Herangehensweisen, desto größer ist die Chance, eine Lösung zu finden. Für was auch immer.

Und außerdem: Es ist nie zu spät, den Blick zu heben. Mit erhobenem Kopf hat man einen besseren Überblick. Oder den Blick in eine andere Richtung zu wenden. Neue Perspektiven haben noch nie geschadet.

# Kapitel V: Auf der Zielgeraden – persönliche Freiheit!

*"Freiheit ist,*
*seine eigenen Gedanken zu denken*
*und sein eigenes Leben zu leben."*

John F. Kennedy (1917-1963)[70]

Erst einmal: Glückwunsch! Sie haben das Buch bis hierhin gelesen und möglicherweise eine Menge mitgenommen. Sie kennen nun Ihre Werte, und Sie können sich zu all Ihren Themen eine Übersicht verschaffen. Das Loslassen fällt sicherlich auch schon leichter. Wie Sie sich motivieren können, wissen Sie nun auch.

Ich hatte es am Anfang dieses Buches angekündigt: An einigen Stellen könnte Sie ein ungutes Gefühl beschlichen haben *(siehe Kapitel 1.1.2: Einfach machen?)*. Das könnte zum Beispiel beim Thema *"Neue hundert Prozent – jetzt!"* (Kap. 1.5) oder beim Thema *"Das Glück finden"* (Kap. 1.2) der Fall gewesen sein. Sie wissen noch nicht, woran es liegt? Vielleicht hilft es, wenn Sie sich noch einmal die Motivationsprogramme an-

---

[70] 35. Präsident der Vereinigten Staaten von Amerika, ermordet am 22. November 1963.

schauen. Angebote anzunehmen oder abzulehnen steht Ihnen natürlich vollkommen frei. Was Ihnen gut tut und was nicht, wissen Sie selbst am besten. Wie gesagt: Für alles, was Sie betrifft, gibt es keinen besseren Experten als Sie selbst!

Etwas für sich weiterzuentwickeln, ist auch eine Form der persönlichen Freiheit. Herr Karwoleit ist dafür ein gutes Beispiel (Herrn Karwoleit hatte ich Ihnen noch nicht vorgestellt). Herr Karwoleit konnte viele der hier beschriebenen Strategien nicht immer abfragen. Jedenfalls nicht dann, wenn er sie brauchte. Es klappte immer nur wenige Tage mit dem Dranbleiben, dann war alles wieder weg. Kein Wunder – denn Herr Karwoleit hatte nach einem Schädel-Hirn-Trauma Schwierigkeiten mit seiner Merkfähigkeit und seinem Antrieb. Das Ausprobieren der Strategien hatte ihm allerdings trotzdem viel Spaß gemacht und auch geholfen. Er hat sich deshalb für sein Handy eine eigene "Strategie-App" erstellt. Allein, dass er sich an sein Handy und die App erinnerte, half ihm nun weiter.

Erinnern Sie sich noch an den Psychologen am Anfang des Buches *(Kapitel 1.1: Werte – Die Richtungsweiser in Ihrem Leben)*? Sie haben hier einfache Tipps erhalten, die vielleicht nicht alle wissenschaftlich fundiert sind. Allerdings haben sie schon vielen Menschen weitergeholfen. Und darauf kommt es (mir) an.

Hand aufs Herz: Hatten Sie zuvor schon einmal darüber nachgedacht, sich Listen zu Ihren Werten oder Ihren Zielen anzufertigen? Ich bin immer wieder erstaunt, dass so viele Menschen – auch Gesunde – solch einfache Methoden und Möglichkeiten nicht für sich nutzen. Ihre Freiheit ist es nun, die in diesem Buch vorgestellten Möglichkeiten anzuwenden. Ohne sie auszuprobieren, werden Sie jedoch nicht herausfinden, was davon für Sie infrage kommt. Aber auch das ist natürlich Ihre persönliche Freiheit.

Es ist Ihre Entscheidung, zu handeln. Oder das Leben weiterzuführen, das Sie jetzt gerade leben. Wie Sie das handhaben, hat auch etwas mit Ihren Motivations-Strategien zu tun. Manche Menschen sind am ehesten motiviert, wenn sie etwas aktiv gestalten können. Andere sind eher passiv. Wenn Sie bisher eher passiv waren, dürfen Sie jederzeit entscheiden, ob Sie etwas verändern möchten. Vielleicht sind Sie Neuem bisher lieber aus dem Weg gegangen. Dann können Sie für sich nun klären, was für einen Vorteil Sie davon haben, wenn Sie so weitermachen wie bisher. Eins ist klar: Wenn Sie immer das Gleiche machen, bekommen Sie auch (fast) immer die gleichen Ergebnisse. Die Frage kann somit für Sie sein: "Wenn ich etwas anderes mache – was habe ich dann möglicherweise für eine neue Perspektive?"

Sie erinnern sich noch an Marianne Mertens? Marianne Mertens hat sich dazu entschieden, inaktiv zu bleiben. Sie sucht die Schuld an ihrer Situation weiterhin bei anderen. Ihre Lebensauffassung (oder ihr Glaubens-Satz), dass alle gegen sie sind, konnte und wollte sie nicht fallen lassen. Sie hat somit die Entscheidung getroffen, ihr Leben weiter fremdbestimmt zu führen. Auch mehrere Therapeuten und Rechtsanwälte konnten ihr nicht helfen. Marianne Mertens hat sich entschieden. Ob dies bewusst geschieht oder unbewusst, spielt dabei keine Rolle. Leider kommt ihr direktes Umfeld mit ihr überhaupt nicht mehr zurecht.

Inzwischen habe ich die Begleitung von Marianne Mertens vorzeitig beendet. Sie können jetzt natürlich sagen, dass meine oben beschriebenen Strategien (und noch einige mehr) nicht funktioniert haben. Das sehe ich jedoch anders: Ich sehe es als Erfolg an, dass Marianne Mertens diese Entscheidung gefällt hat. Es war immerhin eine (erste) Entscheidung. Im Zusammenhang mit ihrer Sichtweise war es zudem eine richtige Entscheidung. Jetzt kann sich jeder, der mit ihr zu tun hat, auf diese Umstände einstellen. Deshalb sehe ich die Zusammenarbeit auch letztlich als erfolgreich an. Auch wenn wir vielleicht nicht so weit gekommen sind, wie ich es mir gewünscht hätte. Doch viele der am Eingliederungsprozess Beteiligten können jetzt weiter planen. Zum Beispiel der derzeitige Rechtsanwalt und die gegnerische Haftpflichtversicherung.

Boris Guentel ist das glatte Gegenteil: Er setzt sich ein Ziel nach dem anderen. Sein nächstes Ziel hat er immer schon fest vor Augen. Er möchte 1.000 km in weniger als 36 Stunden mit einem Liegerad zurücklegen. So wie ich ihn kennengelernt habe, wird das nicht seine letzte persönliche Herausforderung sein. Für Boris Guentel ist die Sehnsucht nach mehr eine wichtige Motivationsstrategie. Nicht nur im Hinblick auf Sport. Er organisiert alles selbst – von der Streckenführung über die behördlichen Genehmigungen bis hin zum Sponsoring.

Jonas Schneidereit kann heute nach weiteren Operationen, die die gegnerische Haftpflichtversicherung gezahlt hat, seinen Arm wieder heben. Und er hat einen neuen Beruf gefunden.

Er lebt jetzt wieder in einer eigenen Wohnung und in einer festen Beziehung.

Nadja Simmersdorf, die sich in einer ausweglosen Situation befand, hatte ja ihre Blickrichtung erkennbar gewechselt. Sie lebt nach wie vor alleinerziehend mit ihren Kindern zusammen. Ihre Wohnung wurde nach ihren Vorstellungen gestaltet. Die Finanzierung hat die gegnerische Haftpflichtversicherung übernommen. Diese hat auch ein Auto finanziert, und zwar sowohl die Anschaffung als auch den behindertengerechten Umbau. So kann Nadja Simmersdorf alle ihre Wege alleine zurücklegen. Sie muss niemanden mehr fragen. Dies ist ihre ganz persönliche Freiheit. Derzeit suchen wir gemeinsam einen Arbeitsplatz. Nadja Simmersdorf hat ihren Wunscharbeitsplatz genau beschrieben. Dabei halfen ihr ihre aktuelle Werteliste, ihre Aufzeichnungen zu ihren Wünschen und die Lösungs-Ideen zu möglichen Herausforderungen. So macht das Finden des Arbeitsplatzes nicht nur Spaß, sondern es wird auch einfach. Wir können genau herausfiltern, was für Nadja Simmersdorf infrage kommt.

Ebenfalls zur persönlichen Freiheit gehört, dass alles in Zweifel gezogen und sogar als Spinnerei eingeschätzt werden darf. Ich erinnere mich an ein Seminar, das ich vor einiger Zeit in einer Reha-Einrichtung für die dortigen Patienten hielt.

Es ging um das SMART-Modell. Einer der Teilnehmer war gegen alles, was wir besprachen. Zu allem hatte er ein (scheinbares) Gegen-Argument parat. Sein Pech war allerdings, dass Nadja Simmersdorf mit im Seminar saß. Ich habe dann die Seminarleitung quasi an sie abgegeben. Danach hatte kein Seminar-Teilnehmer mehr Fragen zum SMART-Modell. Bis auf einen. Er hatte sich offensichtlich bewusst dafür entschieden, dass seine grundsätzlich negative Einstellung für ihn das Richtige sei.

Ich denke noch oft über diesen Seminarabend nach und bin sehr dankbar dafür. Einerseits hat er mir gezeigt, dass es trotz eines Handicaps viele Chancen und Möglichkeiten auf ein individuell gestaltetes Leben gibt. Zugreifen kann so einfach sein! Andererseits hat es mir sehr deutlich gezeigt, dass es die persönliche Freiheit jedes Einzelnen ist, darüber zu entscheiden. Und auch, alle Hilfen abzulehnen. Manchmal meint man dann ja, besser zu wissen, was dem anderen hilft. Aber das stimmt nicht. Jeder ist zu allererst der Experte seines eigenen Lebens. Man selbst kann nur Tipps geben. Und es ist die persönliche Freiheit eines jeden Menschen, sie anzunehmen oder eben abzulehnen.

"Persönliche Freiheit" und "Lebensglück" sind vor allem erst einmal nur Begriffe. Es liegt an Ihnen, sie mit Leben zu füllen. So, wie es am besten zu Ihnen passt. Auf geht's – Sie können jetzt damit anfangen!

Sie finden überall Menschen mit einem Handicap, die ihren Weg gegangen sind. Auch im Internet. Nichts ist heute leichter, als Menschen zu finden, denen es ähnlich geht wie einem selbst. Und Kontakt aufzunehmen – beispielsweise per E-Mail. Wie Sie die passenden Fragen finden und formulieren, haben Sie in diesem Buch erfahren. Je besser Ihre Fragen sind, desto besser werden die Antworten sein. Und somit Ihre ganz individuelle Lebensqualität.

Ich wünsche mir für Sie, dass Sie die für Sie passenden Gelegenheiten finden, Ihr Leben wieder selbstbestimmt führen zu können. In welcher Form auch immer. Und, dass Sie es genießen.

## Kapitel VI: Ich sage Dankeschön

*"Lasst uns dankbar sein gegenüber den Menschen,*
*die uns glücklich machen.*
*Sie sind liebenswerte Gärtner,*
*die unsere Seele zum Blühen bringen."*

Marcel Proust (1871-1922)[71]

Ich spreche Ihnen, liebe Leser, einen herzlichen Dank aus, dass Sie sich diesem Buch gewidmet haben. Es gibt jetzt vielleicht den einen oder anderen Punkt, den Sie nun angehen wollen. Vielleicht haben Sie ja auch schon längst begonnen? Dann freue ich mich sehr mit Ihnen. Denn dann habe auch ich eines meiner Ziele erreicht: Ich durfte Sie auf einem Teil Ihres Weges begleiten.

In diesem Zusammenhang denke ich gerade daran, dass ich vor kurzem ein Seminar habe mitgestalten dürfen. Vor und nach dem Seminar und in der Pause konnte ich mit sehr vielen Menschen sprechen. Einige habe ich nur gesehen, und es kam kein Gespräch zustande. Das erinnerte mich an einige Feste, auf denen es mir ebenso erging. Ich hatte jedes Mal

---

[71] Valentin Louis Georges Eugène Marcel Proust, französischer Schriftsteller und Sozialkritiker.

ein ungutes Gefühl dabei. Ich dachte: Was werden sie bloß von mir denken? Vielleicht haben Sie so etwas auch schon einmal erlebt. Inzwischen weiß ich, dass es allein meine Gedanken sind, die dieses Gefühl produzieren – nicht diese Menschen.

Wenige Tage nach dem Seminar bekam ich dann nicht nur positives Feedback zum Seminar, sondern auch zu diesem Gefühl. "Schade, dass wir nicht die Gelegenheit hatten, uns auszutauschen", sagte mein Gesprächspartner am Telefon. "Es waren so viele Menschen da, mit denen ich sprechen wollte".

Jetzt geht es mir gerade genauso: Ich würde gern so vielen Menschen danken!

Deshalb geht mein besonderer Dank zunächst an alle meine Klienten, die mich bewusst oder unbewusst bei diesem Buch und anderen Projekten unterstützt haben.

Auch wären Teile dieses Buches ohne alle Mitwirkenden am *Auf geht's – der Reha-Podcast!* nicht machbar gewesen. Deshalb sowohl vielen Dank sowohl fürs Mitmachen als auch für die vielen Anregungen und kritischen Anmerkungen.

## Kapitel VI: Ich sage Dankeschönt

Mein größter persönlicher Dank geht an meine geliebte Frau Antje und meine beiden Töchter Anne und Rieke. Ohne euch wäre vieles nicht so, wie es jetzt ist. Und das Wahnsinnsprojekt *rehamanagement-Oldenburg* wäre nicht möglich gewesen. Meine drei Mädels – ihr wisst sicher, dass ich jetzt noch viel, viel mehr schreiben könnte ... Ihr seid großartig! Danke für Eure Geduld – und dass es euch gibt!

Und dann habe ich ja noch eine hessische Familie geheiratet. Ohne diese Familie wäre ich heute nicht da, wo ich bin. Ein großes "Danke" geht daher von Herzen an Gerlinde, Wolfgang, Sabine, Laura und Lorenzo. Von Euch habe ich gelernt, wie Familie funktioniert. Danke für Eure Geduld. (Ja ja, Wolfgang, babbel net ... Ich hab's ja verstanne!)

Moni und Peter: Danke, dass ihr immer dann, wenn es nicht weiterzugehen schien, da gewesen seid und Rat und Tipps mitgebracht habt. Das nächste PC-Problem kommt bestimmt ...

Liebe Hanna: Danke – Du weißt warum und wofür! Über zwanzig Jahre Kaffee verbinden ungemein. Und ohne Dich als Stütze hätte ich vieles nicht überstanden.

Danke auch an Dr. Gudrun Radenz für die langjährige Unterstützung und den richtigen Anstoß zur richtigen Zeit in eine neue Richtung.

Ein Dank geht auch an die seit über zehn Jahren bestehende "Wilhelmshavener Fischrunde" mit Erika, Marion, Bernd und Klaus. Ohne Euch hätte ich nicht so viel Einsicht in das Leben mit Handicap erhalten. Durch Eure Bewusstseins-Schulung bin ich in die Lage versetzt worden, anders zu denken. Das ist mir viel wert.

Ein herzliches "Dankeschön" geht an Maria und Nessi für den Schubser von 1988. Ohne diesen Anstoß wären dieses Buch und vieles andere mehr gar nicht entstanden.

Mein Dank geht ebenfalls an Matthias, der seit Beginn des *Auf geht's – der Reha-Podcast!* auch aus den schlechtesten Aufnahmen noch etwas herauszaubert.

Danke Angela Bruhn für die Überarbeitung des Buches in der zweiten Fassung, die damit verbundene Geduld und die Verbesserungen für die Leser.

Oldenburg i. O., im März 2017

Jörg Dommershausen

# Literatur

## Bücher

AUERBACH, KERSTIN: Psychische Folgen von Verkehrsunfällen, Berichte der Bundesanstalt für Straßenwesen, Mensch und Sicherheit, Heft M 245, Fachverlag NW in der Carl Schünemann Verlag GmbH, Bremen 2014.

BECKER, JAN: Du kannst schaffen, was du willst – Die Kunst der Selbsthypnose. Piper Verlag, München 2015.

BERGMANN, MARCEL: Trotzdem China. Im Rollstuhl von Shanghai nach Peking. Herder Verlag, Freiburg im Breisgau 2008.

BERNHARD, FELIX: Dem eigenen Leben auf der Spur – Als Pilger auf dem Jakobsweg. Fischer Taschenbuch, Frankfurt am Main 2008.

BERNHARD, FELIX: Weglaufen ist nicht. Eine andere Perspektive aufs Leben. adeo Verlag, Gerth Medien GmbH/Verlagsgruppe Random House, Asslar 2010.

BETZ, ROBERT: Willst du normal sein oder glücklich? Aufbruch in ein neues Leben und Lieben. Wilhelm Heyne Verlag, München 2011.

BIRKENBIHL, VERA F.: Jeden Tag weniger ärgern! Das Anti-Ärger-Buch. 59 konkrete Tipps, Techniken, Strategien. mvg Verlag, Redline GmbH, Heidelberg 2007.

DGUV (HG.): DGUV-Forum. Fachzeitschrift für Prävention, Rehabilitation und Entschädigung. Das Reha-Management der gesetzlichen Unfallversicherung – Handlungsleitfaden in der Fassung vom 07.07.2014. Universum Verlag, Wiesbaden 2014.

DIJKSTERHUIS, AP: Das kluge Unbewusste. Denken mit Gefühl und Intuition. Klett Cotta Verlag, Stuttgart 2010.

FRABERGER, GEORG: Ohne Leib, mit Seele, Ecowin Verlag, Salzburg 2013.

GERNLACH, ZEBIN: War ich nicht tot genug? Ich hab im Koma von anderen Sachen als Engel und Tunnel mit Lichtquellen geträumt. Books on demand GmbH, Berlin 2001.

GREGORI, ANDREAS: Glückfinder. Das Buch zum Podcast: Geschichten von Menschen, die ihr Glück gefunden haben. Band 1. Synergia Verlag, Roßdorf 2015.

GRUNDL, BORIS: Mach mich glücklich: Wie Sie das bekommen, was jeder haben will. Econ Verlag, Berlin 2014.

GRUNDL, BORIS: Die Zeit der Macher ist vorbei – Warum wir neue Vorbilder brauchen. ECON, Berlin 2012.

GRUNDL, BORIS: Diktatur der Gutmenschen – Was Sie sich nicht gefallen lassen dürfen, wenn Sie etwas bewegen wollen. ECON Verlag, Berlin 2010.

GRUNDL, BORIS: Steh auf! Bekenntnisse eines Optimisten. ECON Verlag, Berlin 2008.

GRUNDL, BORIS; SCHÄFER, BODO: Leading Simple – Führen kann so einfach sein. GABAL Verlag, Offenbach 2007.

HEIMSOETH, ANTJE: Chefsache Kopf. Mit mentaler und emotionaler Stärke zu mehr Führungskompetenz. Springer Gabler Verlag, Wiesbaden 2015.

KÖSTER, GABY: Ein Schnupfen hätte auch gereicht. Meine zweite Chance. Scherz Verlag, Frankfurt am Main 2011.

LÜTH, WIEBKE; PLETZER, MARC A.: Ein Traum wird wahr!. Veränderungsgeschichten, die Mut machen. Blue planet Verlag, Kreuzlingen (CH) 2014.

MAAß, EVELYNE; RITSCHL, KARSTEN: Die Sprache der Motivation. Wie Sie Menschen bewegen: die Kraft der Motivations-Profile. Verlag für Integrale Weiterbildung, Berlin 2011.

MATTHEWS, ANDREW: So geht's dir gut. VAK Verlags GmbH, Kirchzarten bei Freiburg 2015.

MATTHEWS, ANDREW: Tu, was dir am Herzen liegt. VAK Verlags GmbH, Kirchzarten bei Freiburg 2011.

NAUN-BATES, SILKE: Mein Weg in die Freiheit. Sheema-Medien, Bad Endorf (OT) 2015.

OBERBICHLER, THOMAS: Metaprogramme im NLP erkennen, verstehen, anwenden. Erfolgreich im Alltag. "Erfolgreich im Alltag". be wonderful! Verlag, Wien 2013 oder: Verlag Thomas Oberbichler (E-Book), 2013.

OBERBICHLER, THOMAS: Ziele setzen, erreichen, finden. In drei Schritten zu Ihrem Erfolg. be wonderful! Verlag, Wien 2013 oder: Verlag Thomas Oberbichler (E-Book), 2013.

PLETZER, MARC A.: Zeitmanagement. Das Trainingsbuch: Mach dir das Leben leichter! Haufe Verlag, Freiburg 2006.

PLETZER, MARC A.: Emotionale Intelligenz. Das Trainingsbuch. Haufe Verlag, Freiburg 2007.

SEGSCHNEIDER, DORETTE: Glück Macht Erfolg. Wie Glück zu mehr Rendite führt. Mit Knowhow und Praxisbeispielen zu mehr Output. Frankfurter Allgemeine Buch. Frankfurt am Main 2014.

SEIWERT, LOTHAR J.: Wenn du es eilig hast, gehe langsam. Mehr Zeit in einer beschleunigten Welt. campus Verlag Frankfurt/New York, 2005.

SEIWERT, LOTHAR J.: Mehr Zeit für das Wesentliche. Besseres Zeitmanagement mit der SEIWERT-Methode. mvg Verlag, im Verlag moderne industrie AG, München/Landsberg am Lech 1995.

SEIWERT, LOTHAR J.: Life-Leadership. So bekommen Sie ihr Leben in Balance. Gabal Verlag, Offenbach am Main 2001.

TAYLOR, DR. JILL B.: Mit einem Schlag. Wie eine Hirnforscherin durch ihren Schlaganfall neue Dimensionen des Bewusstseins entdeckt. Knaur MensSana Verlag, München 2010.

VUJICIC, NICK: Personal Trainer für ein unverschämt gutes Leben. Brunnen Verlag, Gießen 2014.

WIPPERMANN, PETER: Lebe lieber froh! Neue Strategien für ein zufriedenes Leben. Piper Verlag GmbH, München 2015.

**Internet**

SUBVENIO E. V.: Unfall mit Personenschaden? Wir helfen. http://www.subvenio-ev.de/unfallopfer.html

SONGTEXTEMANIA:
http://www.songtextemania.com/wer_los_lasst_-_hat_die_hande_frei_songtext_stefan_gwildis.html

REHAMANAGEMENT-OLDENBURG/DOMMERSHAUSEN, JÖRG: Auf geht's – der Reha-Podcast: www.rehamanagement-oldenburg.de/index.php/reha-podcast-aktuell.html

REINBERGER, STEFANIE: Spieglein, Spieglein im Gehirn. In: dasGehirn.info. https://www.dasgehirn.info/denken/im-kopf-der-anderen/spieglein-spieglein-im-gehirn?gclid=CKCm7vHnl8sCFasV0wodyLUKBA

WIKIPEDIA: Motivation: https://de.wikipedia.org/wiki/Motivation

WIKIPEDIA: Das SMART-Modell: https://de.wikipedia.org/w/index.php?title=SMART_%28Projektmanagement%29&oldid=150060449

WIKIPEDIA: Tetraplegie: https://de.wikipedia.org/wiki/Tetraplegie